꼭 알고 싶은
수용-전념 치료의
모든 것

꼭 알고 싶은 수용-전념 치료의 모든 것

ACT와 친해지기

Acceptance and Commitment Therapy

이선영 지음

소울메이트

소울메이트 우리는 책이 독자를 위한 것임을 잊지 않는다.
우리는 독자의 꿈을 사랑하고,
그 꿈이 실현될 수 있는 도구를 세상에 내놓는다.

꼭 알고 싶은 수용-전념 치료의 모든 것

초판 1쇄 발행 2017년 9월 11일 | **초판 4쇄 발행** 2024년 5월 1일 | **지은이** 이선영
펴낸곳 (주)원앤원콘텐츠그룹 | **펴낸이** 강현규·정영훈
편집 안정연·신주식 | **디자인** 최선희
마케팅 김형진·이선미·정채훈 | **경영지원** 최향숙
등록번호 제301-2006-001호 | **등록일자** 2013년 5월 24일
주소 04607 서울시 중구 다산로 139 랜더스빌딩 5층 | **전화** (02)2234-7117
팩스 (02)2234-1086 | **홈페이지** www.matebooks.co.kr | **이메일** khg0109@hanmail.net
값 15,000원 | ISBN 979-11-6002-083-0 03180

소울메이트는 (주)원앤원콘텐츠그룹의 인문 · 사회 · 예술 브랜드입니다.

이 도서의 국립중앙도서관 출판예정도서목록(CIP)은 e-CIP홈페이지(http://www.nl.go.kr/ecip)에서 이용하실 수 있습니다.(CIP제어번호: CIP2017021696)

____________________ 님의 소중한 미래를 위해

이 책을 드립니다.

자신의 한계에 동의하고 충분히 인정하라,
그러면 정복된다.

• 리처드 바크(미국의 소설가) •

내담자와 치료자를 위한 수용-전념 치료의 여정

"어떻게 하면 제가 내담자가 느끼는 것을 이해하는 게 아니라 있는 그대로 더 잘 느낄 수 있을까요?"

2006년 가을 무렵, 박사과정 막바지에 한 치료 수업에서 저는 이와 같은 질문을 했습니다. 이미 임상심리 전문가가 된 지 몇 년이 흘러 아동치료센터의 센터장을 맡고, 대학을 비롯한 다양한 상담 장면에서 선임연구원으로 일한 후, 대학병원에서 임상심리 전문가 수련 지도교수로 일하기 전이었습니다.

물론 내담자가 전하는 자신에 대한 이야기를 '이해'하고 그 사연을 헤아리는 것은 좋은 일입니다. 하지만 저는 치료 장면에서 내담자들이 고통의 순간에 있을 때 이를 완전히 표현할 수 있는 언어라는 것이 없다는 것을 알았습니다. 언제나 경험은 그것을 표현한 말보다 큽니다.

아마도 그때의 저는 막연하게나마 불편한 순간을 어떻게 '경험'하느냐가 변화의 과정에서 중요하다고 느껴 이를 도울 수 있는 방법에 목말랐었던 것 같습니다.

비단 저뿐만 아니라 아마도 심리치료자를 포함해 수많은 사람들이 결국은 같은 질문-고통의 순간을 넘어 어떻게 삶에 다가갈까-에 다다르게 된 각자의 개인적, 직업적 시점이 있을 것입니다. 그리고 아이러니하게도 때로는 그때의 의아하고 불편하고 고통스러웠던 경험이 우리를 각자의 여정으로 이끌기도 합니다.

수용-전념 치료는 이처럼 모든 심리치료 공통의 주제인 '고통'을 어떻게 바라볼지, 그리고 그것과 어떻게 관계를 맺을지에 대한 접근인 동시에 이러한 불편한 경험이 일어나는 보다 큰 맥락, 즉 '삶'을 어떻게 우리 조망의 전경으로 유지하는지에 대한 접근입니다.

제가 수용-전념 치료를 배우기 시작했을 때는 우리나라에 번역서조차 거의 전무했기에, 수용-전념 치료로 박사학위를 준비하는 과정에서 그 처음을 관련 책(『마음챙김과 수용 중심 불안장애 치료의 실제』)을 번역하는 것으로 시작했었습니다. 물론 수용-전념 치료로 내담자를 만나고 학생들을 교육하는 지금에 이르기까지 모든 과정이 개인적으로 제게 의미가 있지만, '지금' 수용-전념 치료를 만나는 치료자와 학생들에게도 지금까지의 제 경험이 도움이 될 수 있었으면 하는 마음으로 이 책을 쓰기 시작했습니다.

저는 독자가 마치 처음 만나는 사람을 알아가듯이 그렇게 수용-전념 치료를 알아갈 수 있었으면 하는 마음으로 이 책을 썼습니다. 우리가 누군가를 처음 만났을 때, 이전에 어딘가에서 무슨 이야기를 들었다 할지라도 직접 처음 볼 때는 호기심을 갖고 만나듯이, 수용-전념 치료 또한 그렇게 호기심을 가지고 만나기를 바랐습니다. 사실 '수용'은 '공감'이라는 말과 함께 대부분의 심리치료 개론서에 가장 많이 언급되는 말 중 하나이기 때문에, 이러한 '말'이 주는 익숙함으로 인해 수용-전념 치료라는 새로운 친구를 선입견을 가지고 대할 수 있기 때문입니다.

이렇게 수용-전념 치료라는 이름을 통해 이를 배운 후 수용-전념 치료는 어디에서 왔는지 그 맥락을 살펴보았습니다. 이때 수용-전념 치료의 배경이 되는 바탕철학을 중심으로 기술했습니다. 마치 같은 그림이어도 그 바탕색이 다르면 전혀 다른 그림이 되는 것처럼, 치료의 배경이 되는 철학은 표면적인 기법들의 성격, 목표를 결정하며 치료 고유의 일관된 방향을 만들어냅니다. 실제 치료 장면은 불확실하고 예측할 수 없는 일의 연속이기에 이러한 배경철학을 아는 것이 다양한 맥락에서 융통성 있게 기법을 적용하는 동시에 일관성 있게 치료적 입장을 유지하는 데 필수적입니다.

이후 수용-전념 치료의 특징 중 하나가 치료를 패키지 중심적으로 접근하는 것이 아니라 과정 중심적으로 접근하는 것이기에 그 치료 과정을 기술했습니다. 실제 치료 과정은 경험적인 것이므로 이를 언어적으로 기술하는 데 조심스러운 면이 있었습니다. 활자로 전달했기에 그것이 선형적으로 느껴질 수 있지만 실제 치료 과정은 'ACT dance'처럼 역동적이며 상호적이라는 사실이 전달될 수 있도록 주의를 기울였습니다.

그리고 수용-전념 치료를 완성하는 요소로서 치료적 관계에 대해 살펴보았습니다. 이때 치료자와 내담자의 경험을 잇는 다리로서 자비(compassion)가 어떻게 치료적 관계를 지탱하는지 또한 살펴보았습니다.

마지막으로 실제 수용-전념 치료가 어떻게 적용되는지 간단히 살펴보았습니다. 수용-전념 치료의 6가지 과정 모두가 치료에서 일어나지만, 불안과 수치심 및 치료자로서의 소진 등 각각의 어려움에 따라 특히 주가 되는 치료 과정을 중심으로 이를 알아보았습니다. 물론 실제 적용하는 과정에서는 사례별로 슈퍼비전을 받는 것이 필요하겠지만, 이러한 적용의 예를 통해 수용-전념 치료를 보다 구체적으로 이해하는 데 도움이 될 수 있을 것이라 생각됩니다.

이 책이 다양한 경로를 통해 ACT를 배우고자 하는 의도를 품게 된 학생 및 치료자들의 여정에 친절한 안내서가 될 수 있기를 바랍니다. 그리고 떠나기 전뿐만 아니라 실제 그곳에 도착해 자신의 경험이 더해지면서 여행 안내서의 의미가 깊어지듯이, 이 책이 미처 다 담지 못한 수용-전념 치료라는 여정의 기쁨을 자신의 경험으로 채워나갈 수 있기를 바랍니다.

물론 일차적으로는 수용-전념 치료를 배우고자 하는 학생 및 치료자를 염두에 두고 이 책을 써내려간 것이지만, 수용-전념 치료에서는 기본적으로 고통에 이르게 되는 과정을 인간공통의 경험으로 치료자와 내담자가 다르다고 보지 않기 때문에, 자신의 불편한 경험을 지금까지와는 다른 방식으로 다루고자 하는 일반 독자들에게도 이 책이 도움이 될 수 있었으면 하는 소망을 가지고 있습니다.

끝으로 첫 저서에 힘을 실어주신 한성열 교수님과 안창일 교수님 그리고 박경 교수님께 감사드리며, 수용-전념 치료자뿐 아니라 임상가로서 또 학자로서의 길을 걸으며 만난 수많은 스승들께 고개 숙여 감사드립니다. 또 이 책의 출판을 지지하고 도움을 준 소울메이트 관계자 분들께도 고마운 마음을 전합니다.

마지막으로 이 모든 것이 가능할 수 있도록 저를 지탱해주신 어머니와 남편에게 가슴 깊이 따뜻한 감사를 전합니다.

이선영

차례

1장
수용-전념 치료란 무엇인가?

2장
수용-전념 치료는 어디에서 왔을까?

3장
수용-전념 치료의 치료 과정을 파악하자

5장
수용-전념 치료의 실제

Acceptance and Commitment Therapy

1장

수용-전념 치료란 무엇인가?

이 책의 첫 장인 1장에서는 누군가와 처음 만나는 마음으로 수용-전념 치료를 살펴보겠습니다. 마치 누군가를 처음 만났을 때, 어딘가에서 무슨 이야기를 들었다 할지라도 직접 처음 볼 때는 호기심을 갖고 만나듯이, 수용-전념 치료 또한 그렇게 만나보겠습니다.

통성명을 하듯이 수용-전념 치료라는 치료의 이름부터 알아가겠습니다. 우리가 생각하는 것보다 '수용-전념 치료'라는 이름은 많은 것을 내포하고 있습니다. 인간관계에서 호칭은 결국 그 사람이 불리고 싶은 대로 부르는 것이 가장 적절하듯이, 수용-전념 치료 또한 그러합니다. 특히 수용-전념 치료는 어떻게 부르고, 어떻게 들리는지와 같은 언어의 상호적인 기능, 그리고 그것이 인간의 의식에 미치는 영향을 상당히 중요하게 생각하는 치료이기에 더욱 그러합니다.

수용-전념 치료를 포함한 심리치료적 접근은 결국 모두 인간의 고통에 대한 경험적 학문이라고 이야기할 수 있습니다. 그렇다면 수용-전념 치료에서는 인간의 '고통'을 어떻게 바라보는지 그 시선을 살펴보도록 하겠습니다. 습관처럼 가지고 있던 '불안 · 우울 등의 부정적인 감정이 문제다.'라는 생각을 가볍게 쥔 채로, 처음으로 돌아가 질문하는 마음으로 살펴보도록 하겠습니다. "과연 고통이 잘못일까?"

이후 수용-전념 치료에서 치료의 타깃이 되는 고통, 즉 인간조건으로서의 고통에 고통을 더하는 원인을 무엇으로 보는지 살펴보겠습니다. 이때 우리는 행동(태도) 그 자체가 아니라 그 행동이 어떤 맥락에서 벌어지는지에 따라 전혀 다른 의미가 될 수 있다는 것에 주의할 것입니다.

'수용-전념 치료'라는 이름을 통해 배우기

'수용-전념 치료(Acceptance-Commitment Therapy, 이하 ACT)'를 쓸 때는 '수용'과 '전념' 사이에 '-(하이픈, hyphen)'을 반드시 쓰고, 읽을 때는 '수용과 전념 치료' 혹은 '액트'라고 읽습니다.

사실 ACT 초기 책들의 서문에는 'ACT'를 철자 '에이씨티'가 아니라 한 단어인 '액트'로 읽어달라는 스티븐 헤이즈(Steven Hayes)의 부탁 아닌 부탁이 거의 매번 포함되어 있습니다. 왜일까요? 어떤 이들은 스티븐 헤이즈가 성격이 유별나기 때문이라고 농담처럼 이야기하기도 합니다. 물론 그럴 수도 있습니다. '성격이 까다로운 것'이 단점이라고 생각하는 것도 다분히 사회문화적인 맥락의 영향일 수 있겠지만, 이 문제는 일단 넘어가도록 하겠습니다.

실제 ACT는 언어가 마음에 미치는 영향에 상당히 민감한 치료입니다. 우리가 '어떻게 부르는지'는 말하는 사람의 의도와 상관없이, 듣는 이에게 다른 메시지를 전달할 수 있습니다. ACT를 철자로 읽는 것을 들을 때, 우리는 기존에 있던 다른 치료들, 'CBT' 또는 'DBT'와 ACT가 비슷한 치료라고 생각하게 됩니다. 스티븐 헤이즈는 수용-전념 치료를 실제로 알기 전에 이를 접하는 사람들이 선입견을 갖는 것을 바라지 않았던 것 같습니다.

다른 치료와 달리 ACT에는 그 이름 중간에 '-'이 들어가며, 그 이유를 아는 것이 수용과 전념 치료의 기본이 될 것입니다. 왜냐하면 수용과 전념 치료는 근본적으로 '-'의 앞과 뒤를 분별하는 것이 그 시작이기 때문입니다.

분별을 통해 심리적 유연성을 높이다

ACT를 간단히 정의하자면 '수용과 마음챙김의 과정, 그리고 전념과 행동 변화의 과정을 통해 심리적 유연성을 높이고자 하는 것'이라고 할 수 있을 것입니다(Hayes, 2011). 이때 앞의 두 과정-마음챙김과 수용의 과정-이 적용되는 맥락과, 다른 두 과정-전념과 행동 변화의 과정-이 적용되는 맥락(context)이 구별됩니다.

인간은 한 시점에 다른 두 맥락(또는 환경)을 동시에 살아갑니다. 하나는 객관적으로 관찰 가능한 외부 세상입니다. 만약에 강의실에서 많은 사람들이 강의를 듣고 있다면 강의실의 책상, 벽지의 색깔, 출입문의 위치 등과 같이 우리 모두가 공유하고 있는 외부 상황이 하나의 맥락이 될 것입니다.

동시에 우리는 또 하나의 맥락을 살고 있는데, 그것은 그 순간 우리 피부 안의 세상-신체 감각, 생각과 감정, 기억 등이 일어나는 세상-입니다. 동일한 강의실에서 강의를 듣고 있는, 그 한 시점에도 우리 각자의 피부 안에서는 나만의 생각과 감정이 지나갑니다. 그것은 같은 강의실에 있는 그 누구도 보거나 만질 수 없지만 경험하는 개인에게는 피부 밖의 사건만큼, 아니 때로는 그보다 더 절절하게 느껴지기도 합니다.

만약 강의중 창밖의 소음이 너무 크다면 우리는 어떻게 할 수 있을까요? 이 질문을 듣는 동시에 우리는 머릿속으로 일련의 문제해결 과정을 생각해낼 수 있습니다. 우선 강의하는 교수가 창문을 직접 닫거나, 창가에 학생들에게 창문을 닫아달라고 부탁할 수 있을 것입니다. 그리고 팔과 손의 힘을 이용해 창문을 닫습니다. 그렇게 창문이 닫히고 나면 아마도 소음이 작아질 것입니다.

문제가 해결되었습니다! 그렇다면 또 하나의 맥락인 우리 피부 안의 세상에서도 이러한 문제해결 과정이 효과를 거둘 수 있을까요?

마음의 공간이 수많은 생각들, 고민들로 시끄러워 본 경험이 누구에게나 있을 것입니다. 창문을 닫듯이 그렇게 생각들을 닫을 수 있을까요? 아무리 닫아도 잠시 시간이 지나면 다시 마음이 시끄러워지던 경험이 누구에게나 있을 것입니다. 그렇다면 당신은 혼자가 아닙니다.

원래 생각은 피부 밖의 소음처럼 닫는다고 닫히지 않으며, 이를 '흰곰 실험'이라는 실험을 통해 확인한 것이 수용과 전념 치료가 태동하는 데 영향을 미치게 되었습니다. 피부 밖의 세상에서는 소음을 문제해결식으로 해결할 수 있지만, 피부 안의 세상에서 일어나는 사건들은 똑같은 방법으로 해결할 수 없습니다. 사건 자체의 차이가 아니라 개별 사건이 일어나는 맥락이 다르기 때문입니다. 즉 우리 피부 안의 세상과 피부 밖의 세상은 다르며, 그 다른 맥락에 따라 각각 다른 방식으로 접근해야 한다는 것이 ACT의 기본 가정입니다.

간략히 이야기하자면, ACT란 우리가 관찰할 수 있는 피부 밖의 세상에 대해서는 각자의 가치를 명료하게 깨닫고 그 방향에 따라 행동을 변화하는 방식으로 접근하는 반면, 피부 안의 세상에 대해서는 변화의 과정이 아닌 마음챙김과 탈융합을 통한 수용의 과

흰곰 실험

여러분은 어린 시절 동물원에서 보았던 흰곰을 기억하나요? 흰털과 둥글둥글한 몸, 그리고 발바닥 모양까지 가능한 한 자세히 눈앞에 그려보겠습니다. 그려지나요? 그려졌다면 이제 아래의 지시를 읽은 후 눈을 감고 1분간만 쉬어보겠습니다. 스마트폰의 알람을 1분 후로 맞추어도 좋습니다. 1분 동안 지금까지 책의 내용을 되뇌어도 좋고, 밀어놓았던 일상의 문제들을 생각해도 좋고, 오늘 저녁 메뉴를 생각해도 좋습니다. 단지 절대로 '흰곰'은 단 한 번도 생각하지 않도록 '최선'을 다해서 노력해야 합니다. 가능한 한 최선을 다하십시오. 자 이제 시작합니다. (1분).

정을 통해 접근하도록 하는 치료, 또 이러한 과정을 통해 변화하는 세상에 유연한 마음을 갖도록 하는 치료라고 할 수 있습니다.

이 시점에서 하나의 실험을 해보도록 하겠습니다.

1분 동안 흰곰이 몇 번이나 떠오르던가요? 1번? 5번 이내? 10번 이내? 아니면 10번 이상? 혹시 흰곰 밖에는 아무 생각도 할 수 없었나요? 그렇다면 '최선'을 다하지 않은 것인가요? 아니, 여러분은 아마 최선을 다했을 것입니다. 우리의 내담자들이 그러하듯이, 최선을 다해 원치 않는 생각을 머릿속에서 밀어내려 노력했을 것입니다. 아이비리그 대학에서 교양강의를 듣는 수백 명의 학생을 대상으로 한 실험에서도 여러분과 동일한 결과가 나왔으며, 개인적으로 지금까지 학회 및 대학강의에서 동일한 실험을 했을 때도 대부분의 사람들이 여러분과 비슷한 경험을 했다는 점을 이야기하고 싶습니다. 즉 생각을 억제하는 것이 지능이나 능력과 관계되는 것이 아니라는 것입니다(이선영, 2011). 그저 사람의 마음이라는 것이 그렇게 움직이는 것이 아니기 때문입니다.

지난 6개월간 여러분은 얼마나 자주 흰곰을 떠올렸나요? 아마 한 번도 떠올린 적이 없거나 그저 우연히 한두 번 떠올린 것이 다일 것입니다. 그런데 우리가 '최선'을 다해 노력하면 할수록 오히려 그 생각을 더 자주 경험하게 되다니 참 아이러니합니다. 그래서 이런 효과를 '사고 억제의 역설적 효과(paradoxical effects of thought suppression)'라고 부릅니다.

만약에 이때 흰곰이 '우울'한 생각이나 '불안'한 생각이라면 어떻게 될까요? 우리가 생각하지 않으려 억제하고 통제하면 더 적게 경험하게 될까요? 잠시는 다른 생각을 하는 것 같지만 결국은 다시 원치 않은 생각으로 되돌아온 경험이 누구나 있을 것입니다. 우리가 '최선'을 다하지 않은 것일까요? 그렇지 않습니다. 앞서 설명한 대로 '우리'의 마음이 그렇게 움직이는 것이 아닌 것뿐입니다. 여기서 내가 '나'라고 하지 않고 '우리'라고 한 것은 이것이 인간공통의 경험으로, 개인의 성격이나 지능 또는 노력의 문제가 아니라는 점을 강조하고 싶기 때문입니다.

고통은 잘못이 아니다: 파괴적 정상성 가정

<연습 1> 손을 들어보세요!

잠시 눈을 감고 생각해봅니다. 지난 한 주간 지내면서 자신이 작아지는 순간, 혹은 원치 않는 생각이나 감정을 경험한 적이 있나요? 불현듯 자신이 오랫동안 고치려 노력했던 습관이 나타나는 것을 발견한 적이 있나요? 그때 경험했던 자신이 작아지는 생각이나 한없이 가라앉는 느낌 또는 안절부절못했던 느낌들을 떠올려보세요. 이제 그 생각이나 감정을 작년 이전에는 단 한 번도 경험한 적이 없다면 손을 내려보세요. 또 그 생각이나 감정을 5년 전, 그 이전에는 한 번도 경험한 적이 없다면 손을 내려보세요. 다시 이런 경험을 10년 전에는 한 번도 경험한 적이 없다면 손을 내려보세요.
자 이제 눈을 떠 주위를 살펴보세요.

어떤 광경을 보게 될까요? 실제 수백 명이 모여 있는 강의실에 빼곡히 올라와 있는 손을 보고는 합니다. 눈을 뜨기 전 급히 손을 내리는 몇몇을 포함해 거의 대부분의 사람들이 이처럼 원치 않는 감정이나 생각을 경험합니다. 이렇게 대부분의 사람들이 경험하는 감정이나 생각이라면 이를 '비정상'이라고 말할 수 있을까요? 통계에서의 정규분포 곡선을 떠올려보십시오.

더 중요한 것은 경험을 없애거나 줄이려고 오랫동안 노력해왔음에도 불구하고 여전히 대다수의 사람들이 이를 경험하고 있다는 사실입니다. 이처럼 많은 사람들이 그토록 열심히 노력해도 여전히 경험하고 있다면, 어쩌면 이러한 경험은 애초에 없애거나 줄일 수도, 또 그렇게 할 필요도 없는 것일 수 있지 않을까요?

실제로 지난 수십 년 동안 우리가 주로 해온 방식은 우울이나 불안 등의 감정 경험의 빈도를 줄이거나 이를 통제하는 방식이었으며, 이러한 방식으로 최선을 다해 노력해왔습니다. 그럼에도 불구하고 우울이나 불안 등의 유병률은 유의미한 수준으로 감소되지 않고 있으며, 우리나라에서도 최근 10년간 여전히 해마다 10만 명 중 약 30명가량의 사람이 자살로 목숨을 잃고 있습니다.[1]

불안이나 우울과 같은 부정적인 감정이 바이러스나 병균처럼 찾아서 없앨 수 있는 것이라면, 지금까지의 우리의 노력으로 이미 찾아서 제거할 수 있었을 것입니다. ACT에서는 신체적 질병에 적용하는 '정상성 가정'-병균이나 바이러스가 없는 상태가 정상이듯이 부정적인 감정이 없는 것이 정상이라고 보는 것-을 부정적인 감정이나 생각 등의 심리적인 어려움에 그대로 적용하는 것이 오히려 불필요한 고통을 가중시킨다고 봅니다. 불안이나 무력감 등의 원치 않는 정서 경험은 어쩌면 인간이라면 누구나 경험하는 인간공통의 경험이며, 인간으로서 누구나 처해 있는 조건이 될 수 있을 것입니다. 문제는 인간공통의 경험을 하는 순간 이러한 경험을 정상에서 벗어난 '비정상'이라고 판단하며, 편치 않은 순간에 있는 자신을 다른 사람들과 소외시킬 때 불필요한 고통이 가중될 수 있다는 것입니다.

혼자가 아니라는 것을 느끼는 자비

"흔들리지 않고 피는 꽃이 어디 있으랴. 그 어떤 아름다운 꽃들도 다 흔들리며 피었나니." - 도종환

ACT에서는 불안이나 우울감 등의 부정적인 감정이 누구도 원치는 않지만 인간이라면 누구나 경험할 수 있는 인간공통의 감정임을 기본적으로 가정하고 있습니다. 즉 우울증 환자나 불안 환자의 우울·불안 경험 자체가 우리가 경험하는 것과 본질적으

우울증과 함께하는 삶이란 이런 모습이다.

로 다르지 않으며, 단지 이러한 경험과 자신이 어떻게 관계를 맺는지가 다를 뿐이라는 것입니다.

위의 사진을 살펴봅시다. 사진을 볼 때 우리는 때로 우리가 느끼는 기분, 장대처럼 내리는 비를 작은 우산으로 가리고 서 있을 때처럼 무기력한 느낌, 그리고 하염없이 가슴에 추를 단듯 무겁게 가라앉는 기분이나, 끝도 없이 물속으로 가라앉는 느낌을 읽을 수 있을 것입니다. 우리 모두 그러한 느낌이 어떠한 것인지 한 번쯤은 경험해보아 알고 있기 때문입니다. 이처럼 우울조차 그 감정 자체는 보편적인 것입니다. 단지 이러한 원치 않는 감정을 경험할 때, 이를 '결함'이나 '패배'로 여겨 스스로를 더욱 자책하고, 이러한 감정 경험 자체를 회피하려 다른 행동으로 덮고자 할 때, 불필요한 고통이 깊어집니다.

수용-전념 치료에서는 이러한 고통의 순간에 '혼자가 아니라는 것을 느끼는 자비(compassion)'를 강조하고 있습니다. 자비라는 말이 얼핏 종교적으로 느껴질 수 있겠지만, 수용-전념 치료에서의 자비는 보통 명사로서 '고통의 순간에 처한 사람-자신과 타인 모두-을 돕고자 하는 마음'을 뜻합니다(Gilbert, 2011). 이러한 자비는 우리가 원치 않는 감정을 경험할 때, 때로 삶의 궤도에서 벗어나 끝도 없이 떨어지는 두려움을 느낄 때, 그리고 그러한 자신의 마음을 자신 이외에는 누구도 모르고, 또 그 누구에게도 이야기하고 싶지 않다고 느껴지는 순간에 가장 강력한 힘을 발휘합니다.

사실 '수용'이 문제가 되는 순간은 우리가 기쁘고 즐겁고 하는 긍정적인 감정을 느끼는 순간은 아닐 것입니다. 대개는 두렵고 자기 자신이 한없이 작아지는 순간이겠죠. 그리고 그러한 모든 부정적 감정의 끝에는 '소외감'이 있습니다. 다른 사람들은 다 잘 지내는 것 같고, 그런 잘난 사람들 사이에서 자신만 작게 느껴질 때, 그때 우리는 그런 감정을 회피하고 싶어집니다. 내가 부정적인 감정을 수용할 때 보통의 사람들이나 잘나가고 있는 사람들과 다른 사람이 되는 것만 같다는 생각이 들면 더욱더 회피하고 싫어지며, 수용은 더 멀어지게 되는 것이죠. 사실 그때 우리가 겪는 감정은 사람이라면 누구나 경험하는 '보편적인 감정'임에도 불구하고, 이를 경험하는 자신을 나무라고 판단하며 타인의 경험은 자신과 다를 것이라 단정하고 비교합니다.

그 결과 그 어떤 때보다 혼자가 아님을 느끼고 보살핌을 스스로에게 주어야 할 때 안타깝게도 스스로를 고립시키기가 너무 쉬워집니다.

우리가 자신의 고통을 가중시키는 채찍질을 잠시만 멈춘다면, 그 순간 가슴 찢어지는 좌절과 절망, 불안 등을 바로 옆의 사람도 삶의 어느 순간에 경험했다는 것을 알아차리게 될 것입니다. 사연은 다를지라도, 고통스러웠던 시점은 다를지라도 그 아픔은 동일합니다.

우리가 삶의 여정을 계속한다는 것은 이전과 다른 시간을 계속해서 마주한다는 것을 뜻합니다. 누구도 장담할 수 없는 불확실함과 모호함 속으로 계속해서 걸어나간다는 것은 당연히 두려운 일이며, 예상치 않은 좌절과 상실에 가슴이 찢어지는 것 같을 때도 있을 것입니다. 나약한 희망에 기대고는 있으나, 가슴에 추를 매단 듯 마음이 끝도 없이 가라앉는 것처럼 무기력해지기도 하지요.

그 모든 순간을 결코 쉽다거나 별것이 아니라고 말하는 것이 아닙니다. 삶의 여정에서 우리가 넘어졌을 때, 무릎이 깨져 피가

날 때, 우리가 해야 할 일은 '바보같이 왜 넘어져? 남들은 넘어지지 않는데.'라고 스스로를 질책하고 비교하는 것이 아니라, 넘어진 자신을 부드럽게 일으키고 묻은 흙을 털어내고 잠시 숨을 고르는 것입니다. 그리고 수많은 사람들이 때로 걸려 넘어졌을 그 길을 일어나 다시 보는 것입니다. 자신의 삶이라고 하는 긴 여정, 그 모호함을 계속해서 걸어가고 있는 당신을 한 번도 가보지 않은 다른 이의 삶과 비교해 외롭게 하지 마시길 바랍니다. 우리 모두는 이번 삶에 있어 초보입니다.

고통에 불필요한 고통을 더하는 것이 문제다: ACT에서의 고통의 원인

우리는 오랜 시간 동안 우리가 경험하는 부정적 감정들이 문제라고 생각해왔습니다. 마치 불안이 없다면, 걱정이 없다면, 슬픔이 없다면 우리가 원하는 삶이 주어질 것처럼 생각하며, 이런 경험들이 우리의 행복을 방해하는 적이라도 되는 듯이 싸워왔습니다. 만약에 우리가 이렇게 걱정이나 불안, 슬픔과 싸우지 않아도 된다면, 그렇게 싸우지 않고도, 아니 그렇게 싸우지 않을 때 우리가 원하는 삶에 가까이 갈 수 있다면 어떨까요? 아래 연습은 이를 상상해보는 데 도움이 될 것입니다.

<연습 2> '만약에~ '

1. 잠시 앉아 눈을 감고 떠올려봅니다. 만약에 기적이 일어나 당신의 삶에서 가장 얻고 싶은 것을 얻을 수 있다면, 원하는 대로의 자신이 될 수 있다면 어떤 삶을 살고 싶은가요? 그리고 또 어떤 사람, 어떤 친구, 어떤 부모, 어떤 배우자 또는 어떤 애인이 되고 싶나요?

2. 자 이제 조금 더 생생하게 떠올려보겠습니다. 최근 원하는 대로 일이 되지 않았던 상황, 자신답지 못했다고 생각되는 일들 중 하나를 되도록 구체적으로 떠올려보세요. 그때가 언제쯤이었나요? 하루 중 낮이었나요, 밤이었나요? 그 상황에 같이 있었던 사람(들)은 누구인가요? 어떤 대화가 오고 갔나요? 당신은 무엇을 말하고 어떻게 행동했나요?

3. 이제 위의 상황에서 자신이 원하는 삶이나 사람처럼 행동하거나 말하는 데 가장 방해가 되었던 순간, 당신이 경험한 감정이나 생각은 무엇인가요? 이때 다른 사람의 말이나 행동도 영향을 미쳤을 수 있지만, 이는 우리가 통제할 수 없기 때문에 자신의 행동이나 말을 우선으로 생각해보겠습니다. 예를 들어 '사실 나는 이런저런 것들을 시도해보고, 여러 사람들을 만나보고 싶다. 만약에 낯선 사람에 대한 불안이나, 나를 어떻게 생각할지 두려움이 없다면….' '나는 하루하루 아이처럼 살고 싶다. 미래에 대한 걱정이 없다면….' 등이 있을 수 있습니다. 당신은 어떤가요?

당신이 원하는 삶의 방향으로 움직일 때 경험하게 되는 원치 않는 경험이나 생각들이 어떤 것들인지 알아챘다면, 이제 다음 연습으로 넘어가보도록 하겠습니다.

〈연습 3〉 할 만큼 해봤다면 다른 방식으로

1. 〈연습 2〉에서처럼, 당신이 원하는 대로의 삶을 사는 데 방해가 되는 감정과 생각을 경험할 때, 이를 다루기 위해 당신이 주로 사용하는 방법은 무엇인가요?

- 생각이나 감정을 억제하기
- 다른 생각하기
- 술 마시기
- 게임하기
- 핸드폰 사용하기
- 운동하기
- 아는 사람에게 전화해 안 좋은 기분이나 생각에 대해 이야기하기
- 본인이 생각하는 일의 이유를 생각하며 감정을 누그러뜨리기
- 기분과 관계되는 약 복용하기
- 심리치료를 찾기
- 기타:

2. 사용한 방법 중 효과가 있었던 것은 어떤 것인가요?

효과가 있었던 방식:

- 단기효과:
- 장기효과:

(대부분의 방법들이 일시적으로는 감정이나 생각을 약하게 하는 것처럼 느껴지지만, 우리가 앞에서 이야기했듯이 원치 않을수록 '흰곰'이 되어 다시 경험하게 되고는 합니다.)

3. 마지막으로 이러한 불편한 감정을 다루기 위해 해온 노력들이 애초에 당신이 이러한 불편한 감정과 생각을 경험하게 된 그 의도, 즉 〈연습 2〉에서 생각한 것처럼 당신이 원하는 삶을 실현하고, 원하는 사람이 되는 데 도움이 되었나요?

연습을 마치면서 어떤 것들을 느끼게 되었나요? 연습을 통해서 알 수 있듯이 당신은 원치 않는 기분이나 생각을 줄이거나 없애기 위해서 지금까지 최선을 다해왔습니다. 그럼에도 여전히 원치 않는 생각이나 감정을 경험한다는 것은 당신이 의지가 부족하거나 충분히 노력하지 않아서가 아니라는 점을 이야기하고 싶습니다. 많은 경우 내담자들은 자신이 생각을 통제하는 연습을 더 했거나 의지가 더 굳세었다면 이런 일들이 가능했을 것이라 생각하며, 이러한 노력의 끝에 이르러서는 자신을 책망하기도 합니다. 당신은 하나의 방식으로 할 수 있는 한 최선을 다했으며, 이제는 아마도 지금까지 하던 방식을 내려놓고 새로운 방식으로 자신의 감정과 생각을 다루어야 할 때가 된 것일 수 있습니다.

또 위의 연습에서 당신은 당신이 원치 않는 생각과 감정을 없애기 위해 지금까지 한 여러 가지 행동, 그리고 그러한 행동을 하기 위해 때로 상당한 시간과 노력을 기울여왔음을 알게 되었을 것입니다. 만약에 우리가 원치 않은 생각이나 감정과 씨름하는 데 쓴 에너지와 시간 또는 비용을 진정으로 우리가 원하는 삶을 이루는 데, 그리고 원하는 사람이 되는 데 온전히 쓴다면 어떻게 될까요?

여기서 나는 우리가 불편한 감정이나 생각을 경험할 때, 그 경험이 별것 아니거나 고통스럽지 않다고 말하고 있는 것이 아닙니다. 앞에서도 언급했듯이, 우리가 슬픔을 경험할 때는 가슴이 아리고 저립니다. 불안을 경험할 때는 마치 팽팽히 감아놓은 태엽처럼 온몸이 긴장되거나, 심장이 귀에 달린 것처럼 떨리기도 합니다. 너무도 간절히 원했던 것을 잃게 되거나 사랑하는 사람을 잃었을 때의 막막함과 절망은 마치 그 순간 삶이 단절된 듯, 더이상의 삶이란 조금도 남아 있지 않은 것처럼 느껴지기도 합니다. 그 누구도 이런 경험을 원했거나 좋아하는 사람은 없습니다. 이 책을 관통하며 계속해서 이야기를 나누겠지만, 우리가 불편한 경험을 수용할 때, 그것을 좋아할 필요는 없습니다. 오래된 고전소설을 읽으며 우리가 여전히 공감하고 감동받는 이유는 다른 시대와 공간에서 인물이 경험했던 감정을 지금도 경험하고 있기 때문입니다. 이후에 자세히 이야기를 나누겠지만, 인류가 적응에 유리하게 개체가 진화되어 왔음에도 여전히 과거에 사람들이 경험했던 부정적인 감정들을 경험하고 있는 데는 진화론적인 의미 또한 있습니다.

우리가 지금 생각해볼 점은, 애초에 우리가 원하는 삶을 살기 위해서 무엇인가 시도하는 과정에서 이러한 불편한 감정도 경험하게 되는 것인데, 감정이나 생각과의 끝나지 않는 싸움에 몰두하다 보면 정작 애초에 우리가 원했던 삶이 서서히 흐릿해지고, 이를 위해서 쓸 에너지와 시간이 고갈되어 간다는 점입니다.

이처럼 우리 삶의 궤도에서 우리를 멀어지게 하는 기능을 하는 모든 행동(〈연습 3〉)을 ACT에서는 '경험회피(experiential avoidance)'라고 합니다. 물론 비타민을 먹거나, 술을 마시는 모든 행동이 회피 행동이라는 것은 아닙니다. ACT에서의 경험회피는 전적으로 '기능적'으로 정의됩니다. 즉 비타민을 먹거나 심리치료를 받는 것이 삶의 궤도에 전념하기 위해 이루어지는 것이 아니라, 부정적인 감정을 잠시 잊거나 감정이 아닌 이유나 논리로 피하게 하기 위한 '기능'을 할 때 '경험회피'가 됩니다.

행동주의로부터 배우기: 경험회피

인간을 포함한 모든 생명체는 혐오자극으로부터 도피하거나 회피하려 합니다.

산불은 대표적인 외적인 혐오자극이다.

악어는 대표적인 외적인 혐오자극이다.

동물들은 산에 불이 나면 다른 곳으로 도피하며, 맹수의 공격으로부터 피하기 위해 보호색을 띠기도 합니다. 인간의 경우에도 비가 오면 몸이 젖는 것을 피하기 위해 우산을 가지고 나간다거나, 이자가 청구되는 것을 막기 위해 빚을 청산한다거나, 교통범칙금을 내지 않기 위해 교통신호를 준수하는 등의 행동 또한 혐오자극을 회피하고자 하는 도피행동으로 볼 수 있습니다.

반면 다른 동물들과 달리 인간은 실제 혐오자극(산불, 맹수 등) 뿐만 아니라 내적이고 주관적으로 혐오적인 사건을 경험할 수 있습니다. 예를 들어 교통사고를 당했던 사람이 차 소리를 듣거나, 차를 봄으로써 공포가 되살아나기도 하지만, 자기 내적으로 이와 관련된 생각, 기억이 되살아나는 것 또한 혐오자극으로 기능합니다. 이에 사고현장과 같은 외부자극을 피하듯이 우리는 이와 관련된 생각, 감정, 기억(private events, 이하 사적 사건) 또한 회피하려고 하는데 이것을 경험회피라 합니다.

앞의 그림에서 볼 수 있듯이 외적인 혐오자극으로부터 도피하거나 회피하는 것은 사물이나 상황을 피하는 것으로 관찰, 측정할 수 있습니다. 그렇다면 내적인 경험회피는 어떻게 나타날까요? 사실 경험회피는 우리의 언어에 의해 일어납니다. 이를 설명한 것이 '언어적 관계 형성 이론(relational frame theory)'입니다. 인간은 다른 동물과 달리 언어를 가지고 있습니다. 언어가 한 세대의 습득된 지식과 경험을 그다음 세대에 전달함으로써 인간을 만물의 영장으로 만든 위대한 발명이라는 점에는 이견이 있을 수 없습니다. 하지만 마치 양날의 칼과 같이 언어로 인해 우리는 과거의 경험을 이야기할 때마다 이를 몇 번이고 반복해서 경험하게 되며, 언어를 통해 일어나지 않은 미래를 마치 지금 일어나는 일처럼 걱정하게 되기도 합니다.

행동주의에서 생각이란 '내적 언어', 즉 자기 안에서 하는 말입니다. 원치 않는 걱정이나 염려와 관계된 수많은 생각, 그리고 지나간 시간에 대한 후회와 원망에 대한 수많은 생각은 자기 안에서 일어나는 말, 즉 내적 언어입니다. 이러한 생각이나 감정 또는 신체 감각을 다른 생각이나 감정 또는 신체 감각으로 바꾸려 하거나, 이를 덜 경험하려 하는 경향을 '경험회피'라고 말합니다. 또 과거 불편한 생각이나 감정 또는 신체 감각을 경험한 상황과 다른 상황에서도 이러한 변화를 알아채지 못하고 계속해서 이와 관련된 사적 경험을 회피하려 하는 것 또한 경험회피 중 하나로 볼 수 있습니다.

문제는 우리의 내적 세계가 불편한 감정을 느끼는 기관이 따로 있고, 좋은 감정을 느끼는 기관이 따로 있지 않다는 점입니다. 둘 다 모두 같은 '나' '내 마음' 안에서 일어나는 일입니다. 우리가 이처럼 불편한 감정을 느낄 때마다 피하려, 느끼지 않으려, 생각하지 않으려 하다 보면 어느새 감정 자체를 느끼는 것이 무디어지고 정서자극에 대해 스스로를 마비시키게 됩니다. 결국 불편한 감정만이 아닌 거의 모든 감정 자체를 느끼는 것을 두려워하게 되기도 하고, 자신의 감정을 스스로도 더이상 알 수 없게 되는 '자기-소외'를 경험하게 됩니다. 사람들 사이에서 소외를 경험할 때 외로움을 느끼듯이, 주위의 사람이 있어도 스스로가 자신을 소외시킨다면 우리는 외로워집니다.

더 중요한 문제는 이러한 경험회피를 하기 위해서는 상당한 심리적 에너지가 소요된다는 점입니다. 이에 실제 불편한 경험을 경험하게 되는 상황-대인관계 상황이나 직무 상황 등-에서 자신이 하고자 했던 일에 마음을 기울이고, 주변의 변화를 알아채는 데 에너지가 쓰이지 못하게 되며, 실수를 하거나 집중을 하지 못하고 멍한 상태로 시간을 보내게 되기도 합니다. 또는 불편한 감정을 잊게 하는 데 도움이 되는 것들(술, 게임, 텔레비전 등)에 시간과 에너지를 과도하게 쓰게 되기도 하고, 실제 중요한 사람과의 만남이나 중요한 상황에 있는 것을 피하게 되기도 합니다.

이러한 이유로 행동주의를 기반으로 한 대부분의 치료에서는 치료 과정 안에 회피자극에 대한 노출치료가 포함되어 있습니다. 예를 들어 비행기 공포증에 대한 치료에는 어느 시점에서든 비행기로 여행을 할 수 있어야 하며, 고소공포증이라면 두려워하는 높이에 머물러 있는 경험을 치료 과정중에 할 수 있어야 합니다.

그렇다면 외적자극에 대한 회피뿐만 아니라 우리의 사적 사건에 대한 회피를 포함하고 있는 경험회피에 대해서는 어떠한 치료 과정이 필요할까요? 우리가 원치 않는 불편한 감정이나 생각이 일어날 때 이를 줄이거나 없애려 하지 않은 채 머무를 수 있도록 돕는 것, 그것이 ACT에서 이야기하는 '수용'입니다.

실제 치료에서 내담자들은 회기 내에서 수용의 절차를 한 걸음씩 마치고, 마침내 약간 노곤해지는 데까지 걸리는 시간이 자신이 불안해서, 자꾸 불편한 생각이 나서 이를 잊으려 기울인 수많은 노력(마인드 컨트롤 영상 보기, 관련 자기계발서 읽기 등)에 쓰이는 시간보다 훨씬 짧다는 사실을 발견한 후 놀라고는 합니다. 실제로 경험회피를 위해 했던 수많은 노력들은 당장은 효과가 있는 것처럼 느껴지지만 이내 다시 이전의 불편한 감정이나 생각이 되살아나고는 해, 결국은 끝이 보이지 않는 싸움에 삶의 활기를 잃게 되고는 합니다. 수용은 이러한 끝없는 싸움에서 벗어나 자신의 삶에, 그 순간순간에 보다 활기차게 머무르게 합니다. 그리고 우리는 우리 자신의 일부와 싸우려고 이 세상에 온 것이 아니라 단 하나의 삶을 자신답게 '살기' 위해서 왔음을 경험으로 알게 될 것입니다.

경험이 먼저일까, 말이 먼저일까?: 융합

경험회피와 함께 수용과 전념 치료에서는 심리적 고통의 원인으로 '융합(fusion)'을 꼽습니다.

앞에서도 이야기했듯이 인간은 동시에 두 맥락을 살고 있습니다. 하나의 맥락은 객관적으로 관찰 가능한 사건이 일어나는 피부 밖의 세상이며, 다른 하나는 생각, 감정, 기억 등 나만의 사적인 사건들이 일어나는 피부 안의 세상입니다. 피부 밖의 세상에서 일어나는 일들이 사실인 것처럼 우리 안에서 일어나는 생각, 감정, 기억 또한 우리 자신에게는 사실처럼 느껴집니다. 누군가를 실제 만나는 것도 사실이지만, 때로는 누군가를 만났던 기억 그리고 그 사람의 이름을 떠올리는 것 또한 실제로 만났을 때와 마찬가지로 심리적 반응을 일으키기도 합니다. 이처럼 우리 마음은 때로 실제 일어나는 일과 생각(언어)을 분별하지 않은 채 비슷하게 반응을 보이게 되는데, 수용과 전념 치료에서는 이를 융합이라 합니다.

인간은 화자와 청자 간의 상호작용에 의해 그 의미가 달라지는 언어라는 의사소통 체계를 가진 유일한 동물입니다. 언어라고 하는 것은 말하는 사람뿐만 아니라 듣는 사람에 의해서도 그 뜻이 달라집니다. 이러한 언어 기능에 대한 이해, 즉 언어적 관계 형성 이론이 ACT의 근간이 되고 있습니다. 앞에서도 이야기했듯이 ACT를 철자로 부르게 되면, 말하는 사람의 의도와는 관계없이 그것이 이미 알고 있는 'CT(씨티)'로 불리었던 다른 치료와 비슷한 치료라고 생각하게 됩니다. 이전의 CT라는 철자가 상징하는 실제 다른 치료와의 임의적인 언어적 관계(derived relation) 때문이죠. 하지만 '액트'라고 부르면 앞의 경우에서 전달되던 임의적인 언어적 관계에 의한 메시지는 사라지게 되고, 우리가 실제 대상과 새로운 직접적 관계(directional conditioning)를 형성할 수 있는 준비를 할 수 있게 됩니다.

개인적으로 스티븐 헤이즈를 옹호할 생각은 없지만, 우리가 대상을 적절히 부르는 언어를 신중히 선택하는 것은 실제 관계를 맺을 때 신중한 것과 마찬가지로 중요하기 때문에, ACT라는 치료를 글자가 아닌 단어로 부르기를 원했던 것이 아닐까요?

어린아이가 처음 물건을 지칭하게 될 때 아이는 자신이 가지고 노는 동그랗고 굴러가는 물체를 '공'이라고 부르는 것을 듣게 됩니다(물체-말). 또 아버지가 '공'이라고 하면 다른 사람이 동그란 장난감을 가지고 오는 것을 보게 되기도 하죠(말-물체). 이처럼 공(실물)과 '공'이라는 말이 양쪽 방향으로 여러 번 연합되는 것을 아이는 다양한 맥락에서 학습하게 됩니다. 이후에 아이는 실제 공이 없어도 공이라는 말만으로도 공을 떠올리게 됩니다. 이제 '공'이라는 말이 실제 동그랗고 튕겨오르며 놀이를 할 수 있는 공(실물)을 상징하고 대체할 수 있게 됩니다. 다른 종과 달리 인간은 이처럼 실제를 말로 대체할 수 있는 '상징'을 갖고 있습니다.

이런 언어라는 상징은 이미 지나간 과거의 일을 언어로 기록하고, 또는 기억으로 간직해 현재에서 되살릴 수 있게 하며, 아직 일어나지 않은 미래의 일들을 언어로 미리 생각해 준비하게 해 인간을 만물의 영장이 될 수 있게 했습니다. 하지만 동시에 과거의 경험으로부터 생긴 기억이나 생각이 떠오를 때 마치 그 일을 실제 경험하는 것처럼 느끼며, 생각과 연관된 감정을 경험하게 되기도 하는데, 때로는 과거의 상황과 현재가 달라져 있을 때조차 생각은 변함없이 유지되기도 합니다. 이처럼 내적 언어인 생각을 현재 실제 일어나는 일과 혼동하는 것을 융합이라고 합니다.

예를 들면 '시험에 떨어질 것 같다.'라는 생각이 떠올랐다고, 그 시점에서 실제로 시험에 떨어진 것은 아니듯, '나는 실패자다.'라는 생각이 떠올랐다고 내가 현재, 지금 이 순간 실패자인 어떤 행동을 한 것은 아닙니다. 그저 생각들은 가끔 고장난 라디오처럼 똑같은 레퍼토리를 상황과 관계없이 반복합니다. 그것이 우리 뇌가 하는 일이기 때문입니다. 그런 뇌가 하는 말들을 알아채고, 실제 상황과 분별하는 것은 우리 자신의 몫입니다. ACT에서는 이런 또 다른 우리의 마음을 현명한 마음(wise mind)이라고 하기도 합니다.

실제로 우리가 무엇을 강력하게 원할수록 그것과 관계된 여러 가지 생각들이 생겨나기도 합니다. 이런 생각 또는 염려들은 실제와 관계없이 우리가 가지고 있는 기대나 가치를 반영하기도 합니다. 앞의 예에서 보자면, 무엇인가에서 실패하고 싶지 않은 마음이 커질수록 '나는 실패자다.'라는 생각에 더 머무르게 됩니다. 그 생각이 참인지 거짓인지를 따지고 싶어지지만, 실은 그것은 중요하지 않습니다. 중요한 것은 우리가 그 '생각'에 머무르고 있는 동안 실제로 원하는 것을 얻기 위해 필요한 에너지를 원하는 결과를 얻는 노력에 기울이지 못한 채 생각과의 씨름에 써버리게 된다는 데 함정이 있습니다. 당신이 원하는 것은 당신이 '실패자'라고 '생각하지' 않는 것이 아니라 원하는 삶을 실제로 '사는 것'입니다.

앞에서 '파괴적 정상성'에 대한 설명에서 이야기했듯이 우리는 누구나 원치 않는 감정을 경험합니다. 누구도 상실을 원치 않지만 사랑하는 사람을 잃기도 하고, 시도를 계속하는 한 기대했던 일이나 성취에서 좌절을 경험하게 되기도 합니다. 때로는 감당하기 어려운 시련을 겪기도 하고, 예상치 않은 외상을 경험하게 되기도 합니다. 이러한 고통의 감정들은 잘나고 못나고의 문제가 아니라 인간이라면 누구나 경험할 수 있는 인간공통의 경험이라 할 수 있겠습니다.

ACT는 이러한 인간공통의 경험으로서의 고통과는 달리 언어로 인한 고통은 경험을 회피하려는 데서 오는 불필요한 고통이라고 합니다. 다시 말하자면 좌절하거나 실패했을 때 가슴 아픈 것은 누구 하나만 겪는 감정이 아니라 인간이라면 누구라도 느낄 만한 피할 수 없는 고통입니다. 하지만 이런 상황에서도 시간은 흐르고, 계속 다른 일들이 펼쳐지고 상황은 달라집니다. 그럼에도 우리 머릿속의 말들(예를 들어 '너는 부족해.' 또는 '너는 완벽해.' 등)은 상황과 관계없이 우리 피부 안에서 언제든지 되살아나는데, 때로 우리가 이런 '말'들을 실제 피부 밖에서 일어나는 일처럼 느끼게 될 때 불필요한 고통이 지속됩니다.

수용은 이러한 끝없는 싸움에서 벗어나 자신의 삶에,

그 순간순간에 보다 활기차게 머무르게 합니다.

1장 핵심요약

• ACT를 간단히 정의하자면 '수용과 마음챙김의 과정, 그리고 전념과 행동 변화의 과정을 통해 심리적 유연성을 높이고자 하는 것'이라고 할 수 있을 것입니다 (Hayes, 2011).

• ACT란 우리가 관찰할 수 있는 피부 밖의 세상에 대해서는 각자의 가치를 명료하게 깨닫고 그 방향에 따라 행동을 변화하는 방식으로 접근하는 반면, 피부 안의 세상에 대해서는 변화의 과정이 아닌 마음챙김과 탈융합을 통한 수용의 과정을 통해 접근하도록 하는 치료, 또 이러한 과정을 통해 변화하는 세상에 유연한 마음을 갖도록 하는 치료라고 할 수 있습니다.

• 우리가 생각하지 않으려 억제하고 통제하면 더 적게 경험하게 될까요? 잠시는 다른 생각을 하는 것 같지만 결국은 다시 원치 않은 생각으로 되돌아온 경험이 누구나 있을 것입니다. 우리가 '최선'을 다하지 않은 것일까요? 그렇지 않습니다.

• 불안이나 무력감 등의 원치 않는 정서 경험은 어쩌면 인간이라면 누구나 경험하는 인간공통의 경험이며, 인간으로서 누구나 처해 있는 조건이 될 수 있을 것입니다.

• 수용-전념 치료에서는 이러한 고통의 순간에 '혼자가 아니라는 것을 느끼는 자비(compassion)'를 강조하고 있습니다.

• 외적인 혐오자극으로부터 도피하거나 회피하는 것은 사물이나 상황을 피하는 것으로 관찰, 측정할 수 있습니다. 그렇다면 내적인 경험회피는 어떻게 나타날까요? 사실 경험회피는 우리의 언어에 의해 일어납니다. 이를 설명한 것이 '언어적 관계 형성 이론(relational frame theory)'입니다.

• 문제는 우리의 내적 세계가 불편한 감정을 느끼는 기관이 따로 있고, 좋은 감정을 느끼는 기관이 따로 있지 않다는 점입니다. 둘 다 모두 같은 '나' '내 마음' 안에서 일어나는 일입니다.

• 과거의 경험으로부터 생긴 기억이나 생각이 떠오를 때 마치 그 일을 실제 경험하는 것처럼 느끼며, 생각과 연관된 감정을 경험하게 되기도 하는데, 때로는 과거의 상황과 현재가 달라져 있을 때조차 생각은 변함없이 유지되기도 합니다. 이처럼 내적 언어인 생각을 현재 실제 일어나는 일과 혼동하는 것을 융합이라고 합니다.

• ACT는 이러한 인간공통의 경험으로서의 고통과는 달리 언어로 인한 고통은 경험을 회피하려는 데서 오는 불필요한 고통이라고 합니다. 다시 말하자면 좌절하거나 실패했을 때 가슴 아픈 것은 누구 하나만 겪는 감정이 아니라 인간이라면 누구라도 느낄 만한 피할 수 없는 고통입니다.

Acceptance and Commitment Therapy

2장

수용-전념 치료는 어디에서 왔을까?

사실 '수용'이라는 말은 심리치료 역사에서 공감이라는 말만큼 오랫동안 회자되어 온 말일 것입니다. 그래서 수용과 전념 치료가 처음 우리나라에 알려졌을 때 많은 사람들이 조금은 친숙하게 느꼈을 수 있습니다. 하지만 우리가 무엇인가를 알고 있다고 생각하기 시작하면 호기심이 줄어들고, 있는 그대로를 제대로 알기가 어려워지기도 합니다. 다차원적인 지적 능력을 이야기한 스턴버그(Sternberg)의 말을 빌리자면, 우리의 인지는 과제를 익숙하지 않고 새롭다고 지각할 때 높은 효율을 나타내게 됩니다.

그런 차원에서 나는 여러분이 어딘가에서 어떤 부분을 들었다 할지라도, 마치 수용-전념 치료를 처음 보는 마음으로 살펴보았으면 합니다. 수용-전념 치료는 기능적 맥락주의라고 하는 행동주의 흐름에 기반한 치료입니다.

맥락주의라는 것은 사건(event)이 개별로 처음부터 의미를 갖고 있는 것이 아니라, 어떠한 맥락에 있느냐에 따라, 맥락과 어떤 관계를 갖고 있느냐에 따라 의미가 달라지는 것이라고 보는 것입니다. 다른 장에서는 수용-전념 치료 자체를 살펴본다면, 이번 장에서는 수용-전념 치료를 그 큰 흐름인 행동주의와 기능주의의 맥락 안에서 살펴보고자 합니다.

앞에서 살펴본 경험회피와 융합을 행동주의와 기능주의적 관점으로 살펴보기 앞서, 기능적 맥락주의의 기본 전제를 간략히 정리하고자 합니다. 이후 ACT에서 인간 고통을 이해하는 중요한 이론인 '언어적 관계 형성 이론(relational frame theory)'을 통해 언어와 마음과의 관계에 대해 살펴보도록 하겠습니다.

맥락에서 살펴본 ACT: 행동주의

앞에서 이야기했듯이 수용-전념 치료는 제3의 행동주의 치료로 불리듯 행동주의 흐름에 있는 치료입니다. 행동주의는 1940년대와 1950년대 초에 스키너(Skinner)를 대표로 하는 심리사조로, 실험심리학적 토양의 도움으로 심리적 작용의 '과정'을 관찰하고 측정하는 것을 심리학의 주요 과제로 삼았습니다.

많은 분들이 오해하시는 것처럼 행동주의는 겉으로 보이는 관찰 가능한 행동에만 국한되지 않았으며, 스키너 또한 사적 사건의 하나인 생각을 심리학 연구의 중요한 주제로 보았습니다.[2] 그는 생각을 '언어행동', 그 중에서도 내적으로 이루어지는 언어행동이라 정의했습니다. 즉 우리가 입 밖으로 내뱉어 하는 언어행동이 '대화'라면, 마음속으로 하는 '말'인 '생각' 또한 행동의 하나인 언어행동, 그 중에서도 내적으로 이루어지는 언어행동이라 보았으며, 행동주의적으로 개념화하고 설명할 수 있다고 보았습니다.

이후 비고츠키(Vygotsky) 등에 의해 이러한 언어행동의 습득과 유지에 있어 환경이나 조력자 등의 사회문화적 맥락의 영향이 강조되었는데, 이러한 흐름이 이후 ACT에 이르러 '생각'을 맥락적으로 바라보는 데 영향을 미치게 됩니다.

행동주의 혁명에 이어 1960년대 후반, 1970년대 초반에 걸쳐 컴퓨터의 도입과 인지심리학의 부상으로 '인지 혁명'이라 일컫는 큰 변화가 심리학사에 일어납니다. 즉 초기 행동주의에서 '블랙박스'로 불리우던 생각과 감정 등의 사적 사건을 인지심리학적 입장에서 접근하게 된 것으로, 컴퓨터 프로그래밍을 이해하듯 인간의 내적 작용과정을 인지적, 논리적으로 이해하려는 시도를 하게 된 것입니다. 이러한 흐름에서 나타난 것이 인지치료와 합리적 정서 치료(RET) 등이라 할 수 있겠습니다(Hayes, 2011).

감정에 대한 접근 또한 이러한 흐름에서 설명되는데, 제임스-랑게 이론(James-Lange theory)을 예로 들어 설명하자면, 곰을 만났다고 할 때 '내 심장이 뛰는 것을 보니, 무서운 것이 틀림없어.'라고 해석을 하게 되면, 이러한 해석이 상황에 따른 감정에 영향을 미친다는 것입니다. 똑같이 심장이 뛸 때 '내 가슴이 떨리는 것을 보니, 이 사람을 좋아하는 것이 틀림없어.'라고 해석이 달라질 수 있는데, 이렇게 다른 해석에 따라 다른 감정을 경험하게 된다는 게 요지입니다.

인지심리학이나 감정에 대한 인지적 이론들의 영향으로 행동주의의 두 번째 흐름인 인지행동 치료에서는 상황 그 자체가 아니라 상황에 대한 해석, 즉 생각, 그 중에서도 '인지적 내용'이 감정에 영향을 미친다고 보았습니다.

따라서 이러한 생각의 내용, 즉 해석을 보다 합리적으로 바꾸거나 적응적으로 교정하는 것을 치료의 방향으로 정하게 됩니다. 이러한 인지행동 치료는 지금까지도 광범위한 심리적 문제에 있어 가장 많이 적용되는 효과적인 치료로 알려져 있습니다.

문제는 치료 효과와 관련해 인지행동 치료의 치료 전과 후의 변화는 더이상 이야기할 필요가 없을 정도로 확고한 데 비해, 그 변화가 일어난 실제 과정이 무엇인지를 확인하는 연구가 상당히 빈약하다는 데 있습니다.

특히 제2흐름에 이르러, 인지심리학적 정보처리 과정이나 생각의 내용을 강조하게 되면서 상대적으로 행동주의의 처음 입장인 실험심리학적 연구방법-객관적 관찰과 측정-에는 소홀해지게 되었으며, 그래서 실제 생각의 '내용'을 변화시키는 것이 치료 효과를 가져오는지에 대한 실험심리학적 연구결과는 빈약합니다(Hayes, 2011 ; Hayes, 2016).

동시에 실험심리학 분야에 있어 새로운 연구결과들이 나타나기 시작했는데, 그 중 하나가 앞에서 언급했던 '흰곰 실험'입니다. 다른 실험들도 생각을 억제하는 것이 실제로 효과가 없으며, 오히려 억제할수록 더 빈번히 경험하는 역설적 효과를 보인다는 연구결과를 내놓았습니다.

불안과 관련된 생각과 감정을 억제하거나 통제하는 것보다 '수용'하도록 한 실험 집단의 불안 수준이 더 낮았으며, 더욱 중요한 것은 불안이 유발될 수 있는 상황에 다시 머무를 수 있는지와 관련된 '자발성'에 있어, 억제나 통제 집단에 비해 수용하도록 한 집단이 더 높은 자발성을 나타낸 연구결과 또한 이를 뒷받침한다는 것입니다(Levitt, Brown, Orsillo, & Borlow, 2004).

이처럼 실험심리학을 통한 결과들이 이전까지의 변화 지향적이고 통제 지향적인 접근의 효율성에 의문을 제시하고, 수용 중심적인 접근의 효율성을 지지하게 되면서, 실험심리 연구결과와 일관된 새로운 심리치료 이론이 요구되기 시작합니다.

이와 같은 흐름을 행동주의의 제3동향이라 부릅니다. 이러한 흐름의 하나인 ACT의 특징은 몇 가지 측면에서 살펴볼 수 있겠습니다.

내용 vs. 기능

인지치료는 개별·장애별 인지 모형을 적용해, 각각의 장애와 관련된 부적응적인 신념을 수정하고, 잘못된 정보처리 과정을 수정하는 것을 주요 과정으로 합니다(Beck, 1993). 즉 내담자의 호소 중 정서적 불편감과 연결된 생각이 감정적 추론, 흑백논리 또는 파국적 재앙화와 같은 비합리적이거나 부적응적 사고인지 가려, 이를 교정하는 것이 주요 치료 과정이 될 것입니다.

반면 ACT는 생각의 빈도를 줄이거나 그 내용을 바꾸려는 노력이 종종 효과적이지 않으며, 생각이라고 하는 사적 사건에 대한 반응을 보다 융통성 있게 할 수 있도록 맥락을 바꾸는 것이 그 내용을 교정하는 것보다 효과적이라고 보았습니다(Hayes et al., 1999). 즉 어떤 생각을 하지 않으려 노력하면 할수록 그 생각이 '흰곰'이 되어 버티게 되고, 역설적으로 더 자주 경험하게 되는 결과를 가져오며, 생각의 빈도를 낮추거나 내용을 바꾸려는 노력은 효과적이지 않다고 봅니다. 대신에 ACT에서는 생각의 '기능'을 바꾸는 방식으로 이에 접근합니다. ACT의 근간이 된 '맥락주의' 나 '기능주의'에 대해서는 이후 더 자세히 이야기하게 되겠지만, ACT에서는 생각이라는 것이 사적 맥락에서 이루어지는 '사건'으로서 다른 사건들과 관계를 맺게 되며, 이러한 사건들 간의 관계, 즉 '기능'을 바꾸는 것이 내용 자체를 가지고 씨름하는 것에 비해 효과적이라고 봅니다.

이러한 차이는 ACT의 이론 및 적용에 있어 일관된 특성으로, 치료 진행은 물론 치료 효과의 검증에 있어서도 마찬가지입니다. 인지치료에서 치료 효과를 검증하는 대표적인 도구는 자동적 사고 척도(ATQ ; Automatic thoughts Questionnaire), 역기능적 사고 척도(DAS ; Dysfunctional Attitudes scale)로 주로 대표적인 부적응적 자동적 사고나 역기능적 사고의 정도 및 빈도를 측정하는 데 비해, 수용-전념 치료에서는 사고의 내용이나 빈도가 아닌 개별 생각을 개인이 얼마나 믿고 있는지 그 정도(ATQ-B)를 평가합니다. 즉 생각 자체의 내용이나 빈도가 아니라 생각과 개인 간의 관계를 평가하는 것입니다.

변화 vs. 수용

앞에서도 언급했듯이, 인지행동 치료를 비롯한 대부분의 치료들이 생각이나 감정 등 사적 사건 자체의 내용을 변화시키거나 빈도를 줄이는 것을 목표로 하는 변화지향적인 치료였다면 ACT는 이를 수용하도록 하는 접근입니다. 여기서 다시 복습하고 싶은

<연습 4> 내가 통제할 수 있는 것과 통제할 수 없는 것 사이의 차이점

각각의 진술문을 읽으십시오. 그리고 너무 많이 생각하지는 말고, 당신이 통제할 수 있다고 믿는 상황에 동그라미 치십시오. 당신이 통제할 수 없는 상황에는 표시하지 마십시오.

1. 다른 사람이 생각하는 것
2. 나의 선택
3. 내 신경이 예민해지는 정도
4. 다른 사람에게 내가 반응하는 방식
5. 다른 사람이 가치있게 여기고 소중하게 생각하는 것
6. 상황에 따라 내가 말하고 행동하는 것
7. 때때로 내가 걱정하게 되는 것
8. 내가 원하는 삶의 방향
9. 나의 선택, 감정, 사고, 그리고 행동에 대한 다른 사람의 반응
10. 다른 사람을 존중해서 내가 할 수 있는 행동
11. 다른 사람의 선택
12. 불안해질 때 내가 하는 행동
13. 내 마음에 생각과 심상이 나타나는 빈도
14. (긍정적인 혹은 부정적인) 나의 생각과 감정에 대한 스스로의 반응
15. 다른 사람들이 따르는 규칙이나 규범
16. 내가 전념할지 말지에 대한 여부
17. 다른 사람의 행동
18. 내가 어떤 규칙이나 행동을 따르는 것
19. 다른 사람들이 나를 좋아해주는 것
20. 어떤 일에 대해 준비하고 최선을 다하는 것
21. 어떤 시점에서 내가 느끼는 것
22. 나의 소중한 시간을 들여서 내가 행할 수 있는 일
23. 때때로 내가 하게 되는 생각
24. 나의 가치와 내가 소중하게 여기는 것

『마음챙김과 수용 중심 불안장애 치료의 실제』 (시그마프레스, 2009) 참고

것은 수용-전념 치료가 언제나 '수용'할 것만을 이야기하는 접근이 아니라는 것입니다. 수용-전념 치료의 시작은 수용할 것과 전념할 것을 '분별'하는 것입니다.

〈연습 4〉는 이를 위한 연습 중 하나입니다. 〈연습 4〉에서 모든 짝수 문항들은 여러분이 통제할 수 있는 것이며, 모든 홀수 문항들은 여러분이 통제할 수 없는 것입니다. 통제할 수 있는 것들은 여러분 각자의 가치대로 전념해서 변화할 수 있도록 하고, 통제할 수 없는 것은 수용하도록 하는 것, 그것이 수용-전념 치료입니다. 21번과 같이 어떤 시점에서 내가 느끼는 사적 사건은 그 '사건'이 일어나는 맥락이 내가 하는 일, 즉 22번 문항이 일어나는 맥락과는 다릅니다.

객관적인 환경에서 나의 행동은 통제할 수 있으므로 변화를 통한 문제해결적 태도가 작동합니다. 하지만 내가 느끼는 감정이나 생각이 일어나는 맥락은 이와 다르므로, 통제나 변화 중심의 문제해결적 태도가 작동하지 않을 뿐입니다. 이때 더이상 작동하지 않는 통제 시도를 멈추고, 수많은 사건 중 지나가는 하나의 '사건'으로 감정을 경험하는 것, 이것이 수용입니다.

연구결과에 의하면, 수용-전념 치료가 불안 등 정서적 불편감을 낮추는 것을 목표로 하지 않음에도, 역설적이게도 수용 중심적인 접근을 하도록 한 집단이 통제나 억제하도록 한 집단에 비해 경험하는 불안의 정도가 낮았으며, 더욱 중요한 것은 이후 불안을 유발하는 상황에 자발적으로 참여하는 자발성이 다른 실험 집단에 비해 높았다는 것입니다.[3] 다시 말해 통제할 수 없는 것을 통제하려는 시도를 내려놓을 때 오히려 불안 수준이 낮아지며, 불안과 같은 자신의 감정과 싸우지 않아도 되므로 이후 불안 유발 상황에 노출할 용기를 낼 확률이 높아진다는 것입니다.

기능주의, 맥락주의 그리고 기능적 맥락주의

ACT를 이야기할 때 기능적 맥락주의(functional contextualism)를 이야기하지 않을 수는 없을 것 같습니다. 수용-전념 치료의 기본 철학으로서 기능적 맥락주의는 말 그대로 1940년대 행동주의에 영향을 미친 기능주의와 맥락주의에 영향을 받은 철학으로 볼 수 있겠습니다. 이는 수용-전념 치료의 기본적인 철학으로, 마치 ACT라는 그림이 그려지는 종이의 바탕색과 같은 것입니다. 즉 앞으로 설명할 기본 치료 과정 및 치료적 관계 등 모든 영역에 바탕이 되는 철학이라고 할 수 있겠습니다.

앞에서 ACT 발달의 맥락에 대해서 살펴보았지만, ACT의 시작은 행동주의이며, 그 행동주의의 전신이 기능주의(functionalism)라고 하는 심리학 사조입니다. 윌리엄 제임스(William James) 등은 분트(Wundt) 등이 인간의 의식의 요소 및 그 구성을 아는 것이 심리학의 중요 연구과제라고 보았던 것과 달리, 의식이란 요소로 구별될 수 없는 상태로서, 어떤 요소로 구성되어 있는지가 아니라 의식의 전체적인 기능을 밝히는 것이 인간을 이해하는 데 필요하다고 보았습니다(Hayes, 2016).

이러한 기능주의는 진화론적인 세계관에 영향을 받은 것으로, 인간이라고 하는 종의 생존과 적응에 유리한 심리적 작용과정을 밝히는 것이 심리학의 중요한 과제라고 보았으며, 이러한 진화론적인 세계관은 현재 ACT의 세계관을 반영하기도 합니다.

기능주의는 이처럼 구성주의가 주장하듯 심리적 요소나 의식의 내용을 연구하는 것이 아니라, 심리적 작용과정을 연구하는 것이 심리학의 주요 과제라고 보았습니다. 또한 인간의 마음은 환경과 개인의 요구를 매개하는 작용을 하며, 인간과 환경이 서로 단절되어 존재하는 것이 아니라 서로 연결되어 있다고 보았습니다.

심리학에서의 맥락주의(contextualism)란 인간의 성격, 특성, 행동이 다른 것과 구별되는 별개의 요소(entity)나 별개의 정신적 현상이 아니라, 맥락에 따라 각각의 심적 사건 및 심리적 과정이 형성되는 현상으로 보았습니다(Torneke, 2010). 이때 마음과 환경 또는 맥락은 서로 상호작용을 한다기보다 서로가 서로의 부분으로서 이를 구성하는 것이라고 생각했습니다.

그럼 '맥락'에는 어떤 것들이 있을까요?

시간의 맥락

우선 가장 먼저 꼽을 수 있는 것은 시간의 맥락일 것입니다. 인간의 마음은 과거, 현재, 미래라는 시간의 흐름 안에서 다르게 작용합니다.

삶의 발달단계

두 번째는 삶의 발달단계입니다. 대학에서 발달심리학 강의를 하면서 학생들에게 발달 이론을 적용해 자신의 발달과정을 정리하도록 하고, 이후에는 부모님 중 한 분을 인터뷰해 그 분의 발달단계를 정리해 볼 수 있도록 했습니다. 이러한 과제를 수행하면서 많은 학생들이 자신을 낳았을 때 부모님이 지금의 자신보다 고작 5~6살 많은 청년이었을 뿐이었다는 것을 알게 되고는 합니다. 학기를 마칠 때쯤에는 학생들로부터 이러한 과제를 하는 과정을 통해 조금 다른 차원에서 더 깊이 부모님을 이해할 수 있게 되었다는 피드백을 받고는 합니다.

이처럼 이미 일어난 일 그 사실 자체가 변화되는 것이 아니라,

그것이 어떠한 맥락에서 일어났는지를 아는 것만으로도 그 사건의 의미가 달라질 수 있습니다.

물리적 환경 또는 사회적 맥락

우리가 경험하는 사적 사건 및 공적 사건(events)은 그것이 어디서, 누구와 있을 때 일어났는지에 따라 다른 의미를 가집니다. 예를 들어 우리는 자신의 집에서 옷을 벗고 있을 때 조금 불편할 수는 있지만 공공장소에서처럼 수치스럽다고 느끼지는 않을 것입니다. 또 아이가 말을 듣지 않고 짜증을 부릴 때, 똑같이 아이가 짜증을 부리는 사건일지라도 그것이 집일 때와 공공장소 또는 시부모님이나 부모님이 계실 때는 그 의미가 다르게 느껴질 것입니다.

하나의 심리적 과정에 대한 다른 심리적 과정

마지막으로 수용-전념 치료에서 가장 많이 언급되는 맥락으로 하나의 심리적 과정에 대한 다른 심리적 과정의 맥락입니다. 예를 들어 수용-전념 치료에서 중요한 치료 과정 중 하나로 '맥락으로서의 자기(self as context)'라고 하는 개념이 있습니다. 이는 우리의 자기(self)라고 하는 것이 부동의 구조가 아니라 맥락이라고 보는 개념으로, '자기'를 한 시점에서 우리가 경험하는 생각, 감정 등을 일어났다 사라지는 공간으로 봅니다. 즉 감정이라고 하는 하나의 심리적 과정은 '자기'라고 하는 또 하나의 과정을 맥락으로 해서 발생합니다. 따라서 감정과 생각이라고 하는 사적 사건은 시간의 맥락에 따라 계속 변하며, 이러한 변화무쌍한 사건들이 끊임없이 이루어지는 공간, 그것을 ACT에서는 '자기'라고 보고 있다고 말할 수 있겠습니다.

위에서 살펴본 맥락들이 대표적인 맥락이며, 이러한 다양한 맥락을 수용-전념 치료에서는 치료적 과정에서 실제 활용합니다. 이후 치료 과정을 다루는 장에서 더욱 자세히 이야기하겠지만, 우리가 사건(사적 사건과 공적 사건 모두)을 맥락에서 살펴본다는 것은 있었던 일이 없었던 일이 된다거나, 사건 당시 느낀 감정을 무시하는 것이 아니라는 것을 미리 언급하고 싶습니다.

이처럼 기능적 맥락주의는 수용-전념 치료의 철학적인 바탕으로 가장 큰 전제는 세상이 선험적으로 정의되어 있다고 보지 않는다는 데 있습니다. 세계가 이미 정해져 있고, 진실이나 의미가 이러한 이미 정해진 것을 찾아내는 것이라고 보는 것을 본질주의(essentialism)라고 한다면, 맥락주의는 이러한 본질주의와 달리 진실이나 의미는 역동적인 것이며, 맥락상 목적에 연결되어 있다고 봅니다.

이러한 기능적 맥락주의의 철학적 가정에 따라 ACT는 아래와 같은 7가지 특징을 보입니다(Hayes, 2011).

(1) 생각이나 감정은 행동의 원인이 아니라 하나의 맥락을 이루며 행동과 공존한다.

우리가 '원인'을 이야기하는 것은 행동을 예측하고자 하는 욕구에서 나옵니다. 하지만 인과관계적인 분석은 직접적으로 통제 가능한 사건에 대해서만 적용 가능하다는 제한이 있습니다. 따라서 앞에서 언급했듯이 사적 사건은 공적 사건과 달리 통제 불가능한 맥락에서 일어나는 사건들로 인과관계적인 분석을 할 수 없습니다.

(2) (1)의 가정에 따라 부정적 감정이나 고통을 병리적인 것이라 보지 않으며, 삶의 일부분이라 봅니다.

(3) (2)의 가정에 따라 부정적 감정을 줄이는 것을 평가나 치료의 목적으로 보지 않습니다.

(4) 수용-전념 치료는 현재 순간이 중요하며, 평가와 치료는 현재 순간에 머무르는 것을 방해하는 이차 조건형성 과정에 초점을 맞추어야 한다고 보았습니다.

수용-전념 치료에서는 행동의 원인이 아니라, 행동이 어떻게 유지되는지를 기능적으로 아는 데 주의를 기울이며, 현재 일어나고 있는 행동을 환경적 맥락, 현재의 공적 사건과 사적 사건의 맥락 또는 과거나 미래의 심상적 사건들과의 맥락과의 관계에서 이해하는 데 주의를 기울입니다. 행동이 이러한 맥락과 떼어낼 수 없는 상호적인 관계에 있다고 봅니다.

(5) 행동은 하나 이상의 기능을 가지고 있습니다. 수용-전념 치료는 행동주의에서의 기능분석을 바탕으로 행동을 바라봅니다. 즉 행동이 유지되는 것은 그것이 어떤 식으로든 기능하기 때문입니다. 옳고 그르다는 판단은 행동을 있는 그대로 보고, 그 기능을 분석하는 데 방해가 되기 때문에 비판단적인 입장을 유지하는 것을 중요하게 생각합니다.

(6) 행동에 대한 기능분석을 통해 행동을 통제하고 있는 것이 무엇인지 안 이후에는 그 내용(예를 들어 생각이나 감정 등)을 바꾸는 것이 아니라 맥락(변화 가능성)을 바꿉니다.

(7) 언어나 명칭의 '의미'는 사회-언어적인 맥락에 따라 결정되는 것으로, 개인이 속한 사회-언어적인 맥락을 통해 언어에 의한 고통 또한 유지된다고 봅니다.

언어적 관계 형성 이론
(Relational Frame Theory)

앞서 기능적 맥락주의에 대한 설명에서 수용-전념 치료가 인간에게 있어 고통을 병리적인 것이 아니라 정상으로 본다고 했을 때, 고개를 갸우뚱했을 수 있습니다. 고통이 정상이란 말은 고통을 겪고 있는 것이 옳다거나 그르다거나, 마땅하다는 말하고는 다릅니다. '파괴적 정상성'에 대한 설명에서 언급했듯이 고통을 병리나 의지의 문제로 이야기하기에는 고통이 세상에 너무 만연하다는 뜻입니다. 이렇게 인간이 고통에 취약할 수밖에 없는 조건에는 사회-언어적인 맥락에서 유지되는 언어의 역할이 상당

부분 기인합니다.

수용-전념 치료에서 언어와 인간 고통 간의 관계를 설명하는 이론으로 '언어적 관계 형성 이론(relational frame theory)'이 있습니다. 이는 스키너로 대표되는 행동주의 이론을 바탕으로 인간의 사적 사건, 그 중 특히 생각(사적 언어)과 마음과의 관계를 설명하는 이론입니다.

이를 이해하기 위해 먼저 학습에 대한 행동주의의 원리들을 간략히 살펴보도록 하겠습니다.

행동은 기능하는 한 지속된다: 기능분석(Functional Analysis)

수용-전념 치료에서는 행동을 분석할 때, 행동의 원인이 되는 특질이나 성격보다는 특정 행동이 '어떻게 유지되고 있는지'를 이해하는 것이 중요하다고 봅니다. 이러한 기능주의적인 관점에서 행동의 선행사건과 그 결과를 분석하는 것을 행동의 기능분석이라고 합니다. 흔히 이러한 행동의 기능분석을 행동의 A-B-C라고 부르기도 합니다.

선행사건은 행동 이전의 심리적, 물리적 환경으로 대개는 행동의 동기가 되는 역할을 합니다. 이후 선행사건이 일어나는 맥

A (Antecedent: 선행사건)	B (Behavior: 행동)	C (Consequences: 결과)
행동이 일어나기 전 사건, 심리적, 물리적 환경	개인의 행동	행동 이후 물리적, 심리적 환경
분별 기능		강화 기능
동기 기능		벌 기능

락에 대한 분별로, 이후 행동을 선택하는 데 있어 단서가 됩니다(discriminative function, 분별 기능). 결과는 행동에 대한 강화로 작용하거나 때로 행동에 대한 벌로 작용합니다(Torneke, 2010).[4]

떼쟁이 동수와 엄마

4살짜리 동수는 돌이 된 동생 동욱이와 집에 있습니다. 집에 손님이 왔을 때, 엄마는 주방에서 손님들과 이야기를 나누며, 동생 동욱이에게 젖병을 물리고 있습니다. 이때 동수가 자기 우유병을 들고 소리를 지르며, 자기 초콜릿 우유를 데워달라고 떼쓰기 시작합니다. 엄마는 당황스럽고 손님들 앞에 창피해서 동수를 야단치고 기다리라 하지만, 동수는 막무가내로 떼를 쓰고 울기 시작합니다. 엄마는 양육지침서의 제안대로 아이에게 똑바로 예의바르게 '엄마 우유를 데워주세요.'라고 말하게 하고 아이가 그렇게 할 때까지 기다려야 한다는 것은 알지만, 주변 손님들의 시선이 신경 쓰여 아이가 제대로 이야기하기 전에 아이를 안아 들고 주방을 떠나 거실로 갑니다. 동수는 이제 울음을 멈추고 엄마에게 기댄 채 초콜릿 우유를 먹습니다(이선영, 2017c).

앞의 일화에서 행동의 A-B-C를 찾아보시기 바랍니다(아이 입장에서의 A-B-C, 엄마 입장에서의 A-B-C).

동수의 입장에서 선행사건은 무엇일까요? 이후 동수의 행동은 무엇이었나요? 그 행동 이후 상황은 어떻게 달라졌나요? 또 엄마의 입장에서 동수를 끌어안고 거실로 가는 행동을 하기 직전에 선행사건은 무엇이었나요? 그리고 그 행동 이후 상황은 어떻게 달라졌나요?

동수 A –

B –

C –

엄마 A –

B –

C –

동수의 시선으로 보자면 집에 모르는 사람들이 있어 다소 불안해졌고, 엄마가 필요했습니다. 엄마는 동생 옆에서 동생에게 젖병을 물리고 있었고, 자신에게 관심을 보이지 않고 있습니다

(선행사건). 자신도 우유병을 가지고 가 엄마에게 떼를 쓰며 이런 긴장감을 표현합니다(행동). 그래서 엄마는 동생 옆에서 자신에게로 왔고, 자신을 달래줍니다(결과).

엄마의 시선으로 보자면 오랜만에 손님이 집에 왔습니다. 손님들에게 좋은 인상을 주고 싶고, 좋은 엄마로 보이고 싶기도 합니다. 그런데 아이가 와서 떼를 쓰고, 자신이 어쩔줄 모르고 있는 것을 다른 사람에게 보이고 싶지 않습니다(선행사건). 우선 양육전문가들이 이야기하듯 아이에게 바람직한 방식으로 의사표현을 하도록 요구했지만, 아이가 스스로 행동하는 것을 기다리지 못한 채 끌어안고 달래줍니다(행동). 아이의 울음소리는 사라졌지만 한편으로는 속이 상합니다. '언제까지 동수는 애기처럼 굴까….'라는 걱정이 듭니다(결과).

위의 기능분석을 통해서 우리는 동수와 엄마 모두 그 당시 원하던 것을 얻었다는 것을 알게 됩니다. 동수는 떼를 써서 엄마의 관심을 얻었고, 엄마는 동수를 재빨리 위로함으로써 시끄러운 울음소리에서 벗어났습니다. 아이는 손님들 앞에서 관심을 받고 싶을 때, 지금 하는 행동을 바꿀 이유가 없습니다. 그 행동이 충분히 기능하고 있기 때문이죠. 옳고 그름을 말하는 것이 아니라, 아이는 원하는 것을 얻을 수 있는 방법을 하나 알고 있고, 그 방법은 지금까지 너무도 잘 통하고 있습니다. 원하는 것을 얻을 수 있는 다른 방법을 배운 적이 없으므로, 아마도 앞으로 관심을 받고 싶을 때 지금 하는 행동을 반복할 확률이 높아집니다.

엄마 또한 단기적으로는 원하는 것(조용함)을 얻었지만, 마음이 썩 개운하지 않고 속상하기도 합니다. 왜일까요? 엄마에게는 장기적으로 아이를 위해 원하는 것이 있기 때문입니다. 엄마는 아이가 자신의 감정을 떼쓰는 것만이 아닌 언어화해 표현하고, 다양한 방식으로 자신이 원하는 것을 얻을 수 있기를 바랍니다. 아이가 떼를 쓸 때 재빨리 달래서 우는 것을 멈추기는 했지만, 여전히 아이가 떼쓰는 것 이외의 방법으로 자신이 원하는 것을 표현하고 언어화하는 것을 배우지 못했다는 것을 알기에 실망스럽습니다.

위의 예에서 고전적인 행동주의와 ACT에서의 차이를 살펴보겠습니다.

동수가 떼를 쓰는 행동을 통해 자신이 원하는 관심을 얻은 것은 정적 강화이며, 어머니가 동수를 가르치기보다 안아줌으로써 얻은 것은 시끄러운 울음소리를 사라지게 한 부적 강화라는 것을 이미 알고 있습니다. 여기까지는 공적인 행동만을 변수로 한 기능주의적인 분석입니다.

하지만 어머니의 입장에서 선행사건은 단지 시끄러운 울음소리뿐만이 아닙니다. 손님들이라는 상황적인 변수, 그리고 무엇보다 피부 안의 세상에서 일어나는 여러가지 사건, 원치 않는 상황 전개에 대한 당황과 긴장감, 그리고 좋은 엄마가 아닌 것 같은 불안함과 약간의 수치심 등이 있습니다. 이러한 사적 사건들은 앞에서 이야기한 공적 사건과는 일어나는 맥락은 다르지만, 분명히 어머니의 행동에 영향을 미치고 있습니다. 어머니는 이러한 불편한 감정들을 없애기 위해 행동했습니다. 이것이 부적 강화이며, 이때 피부 안의 세상이라는 맥락에서 일어난 일이 앞으로 설명할 경험회피입니다.

이와 같이 기능적 맥락주의를 바탕으로 한 수용-전념 치료에서의 기능분석에서는 기존의 관찰 가능한 행동이나 상황뿐만 아니라 우리 피부 안에서 일어나는 사적 사건이 포함되며, 이때 선행사건 각각이 발생하는 맥락에 대한 분별이 중요한 시작이 됩니다.

앞의 예에서 살펴보았듯이, 기능분석은 행동의 옳고 그름이 아니라, 행동이 기능하느냐 하지 않느냐가 중요하다고 봅니다. 내가 가지고 있는 기대의 틀로 행동을 보거나, 또는 옳고 그르다는 판단으로 행동을 보는 것이 아니라, 현재 이미 일어나고 있는 행동을 있는 그대로 전후관계의 맥락과 사건의 기능으로 살펴보는 것, 그것이 수용-전념 치료에서의 기능분석이며, 이것이 변화의 시작입니다.

사과와 '사과'라는 말:
직접 조건형성과 간접 조건형성

앞에서 우리는 기능분석을 통해 행동이 그 이전의 선행사건이나 결과에 의해 영향을 받는다는 것을 알게 되었습니다. 이러한 기능분석에 기반해 언어와 인지가 행동에 미치는 영향을 설명하기 위해 고전적 조건형성과 조작적 조건형성과 같은 직접 조건형성을 간략히 검토한 이후 언어적 관계 형성 이론과 관련된 간접 조건형성에 대해 살펴보겠습니다.

우선 행동의 A-B-C에서 선행사건과 행동과의 관계를 설명하는 이론으로서 고전적 조건형성 이론이 있습니다.

조건 자극(CS)	무조건 자극(US)	무조건 반응(UR)
손벽	고기	침

여러분이 익히 알고 있듯이 위의 절차를 여러 번 반복하면, 이제 개는 고기가 아닌 손뼉에도 침을 흘리게 됩니다.

이때 이러한 고전적 조건형성 이론은 이후 행동에 대한 신호가 된다고 해서 신호학습(signal learning) 또는 자극학습이라 불리기도 합니다.

앞에서 살펴본 동수의 예에서 동수는 짜증을 부려서 엄마의 관심과 위안을 얻었으며(정적 강화), 어머니는 동수가 짜증을 부릴 때 재빨리 안고 거실로 오는 행동을 통해, 아이의 시끄러운 울음소리로부터 벗어났습니다(부적 강화). 이러한 정적 강화와 부적 강화는 모두 행동의 결과에 따라 그 행동의 이후 빈도가 변화되는 조작적 조건형성을 나타냅니다.

앞에서 설명한 고전적 조건형성 이론과 조작적 조건형성 이론은 사물 또는 사건과의 직접적인 관계(조건형성)를 통해 이루어지는 직접 조건형성입니다. 하지만 앞에서도 잠깐 언급했듯이, 이러한 직접 조건형성만으로는 인간의 행동을 설명하기에 부족한 부분이 있습니다.

첫째, 우리 피부 안에서 일어나는 내적 경험(생각, 감정, 기억 등의 사적 사건)이 이러한 설명 안에 포함되어 있지 않습니다.

둘째, 현재 일어나고 있는 맥락적 요소 이외의 시간, 공간 등 다른 맥락적 요소가 포함되어 있지 않습니다.

이를 설명하기 위해서는 인간의 언어가 이러한 과정에 미치는 영향에 대한 이해가 필요합니다. 보통 말을 배우기 시작하는 한 살 전후로 인간에게 있어서는 간접 조건형성의 과정이 시작됩니다. 아삭아삭하고 빨갛고 동그란 사과를 볼 때 '사과'라고 부르는 소리를 여러 번 듣고, '사과'라고 부르는 엄마의 말소리에 다른 사람이 빨갛고 동그란 사과를 가져오는 것을 여러 번 보게 되면 사과가 '사과'라는 말과 조건화됩니다.

이후 이렇게 조건화된 '사과'라는 말을 듣거나 말을 하는 것만으로도 사과의 맛이 생각나고, 아삭아삭한 식감과 빨갛고 동그란 모양이 저절로 생각납니다. 또 시간이 흐르면서 어린 시절 동생과 나눠먹던 사과, 사과를 좋아하던 친구 등 여러 가지 경험들이 '사과'라는 말을 떠올리면 같이 떠오르게 되고, 때로는 그리움 등의 감정을 불러일으키기도 합니다. 이때 '사과'는 처음 말을 배울 때의 실재했던 사과가 아니라, 우리의 마음에 떠오른 '사과'라는 말이라는 것을 유의하십시오. 이를 앞에서 설명했던 직접 조건형성과 비교해 간접 조건형성이라 부릅니다.

이처럼 인간은 실제 사물이나 사건뿐 아니라 이를 언어적으로 표상하는 말(또는 생각)만으로도 이와 관련된 경험을 시간과 공간을 넘어 전달할 수 있습니다. 이러한 언어의 발명으로 인해 인간은 한 세대의 경험을 이후 세대에게 전달할 수 있게 되었고, 이를 통해 지식이 축적되고 문명을 이루게 되었다는 데는 이견이 없을 것입니다.

반면 개인심리학의 측면에서 볼 때, 이러한 언어를 통한 간접 조건형성에는 순기능과 함께 역기능이 있습니다.

순기능으로는, 우선 우리는 언어를 통해 행동의 결과를 고려할 때 지금 당장의 이익뿐만 아니라 장기적인 영향력을 고려할 수 있습니다. 아이들이 6살쯤부터는 눈앞에 있는 과자를 가리켜 "지금 먹으면 하나를 먹을 수 있지만, 30분을 참으면 3개를 먹을 수 있다."라고 말하면, 그 말을 통해 장기적인 행동의 결과를 고려할 줄 알게 됩니다. 이는 어른이 되어서도 마찬가지로, 아직 발생하지 않은 행동의 결과를 고려할 때 우리는 내적 언어인 생각을 통해 이를 실제처럼 그려보고 예상합니다. 또 앞에서도 언급했듯이 우리는 지금-여기에서 일어난 공적 사건, 사적 사건을 언어를 통해 다른 공간에서 다른 시간에 의사소통할 수 있습니다. 마지막으로 언어를 통해 우리는 경험을 분류하고 나누며 평가합니다. 우리는 개별 경험을 '좋다.' '나쁘다.' '사랑받을 만하다.' '잘한다.' '못한다.'라는 말을 통해 범주화하고, 이를 바탕으로 다른 범주와 비교합니다.

언어의 역기능으로는, 일단 경험과 언어가 간접적으로 조건형성이 되고 나서는 이를 멈추는 것이 불가능하다는 점입니다. 이에 때로는 처음과 상황이 달라졌어도 간접 조건형성된 생각은 계속해서 머릿속에서 되풀이되게 됩니다.

이러한 언어의 간접 조건형성 과정은 그 사람이 속한 사회-언어적인 맥락에 의해 더욱 강화됩니다. 예를 들어 어려서 비난적인 부모에게서 "너는 말썽쟁이구나!" "너희 형은 안 그러는데 너는 왜 그러니?" 등의 이야기를 반복적으로 들으며 자란 아이가 이후 학교 등 사회적인 맥락에서 '말썽쟁이'나 '다른 사람만 못하다.'라는 말을 '사랑받을 만한 자격이 없다.'라는 말과 동격이라고 학습하게 된다면, 결과적으로 형만 못하고 말썽쟁이인 자신은 사랑받을 만하지 못하다고 언어적으로 범주화하게 됩니다.

이러한 언어를 통한 간접 조건형성은 더이상 부모님의 영향이 어려서 만큼 크지 않고, 자신에게 다른 피드백을 하는 사람들을 만날 수 있는 사회적 맥락으로 환경이 변화될 때도 그대로 남아 영향을 미치게 됩니다. 이후 '자신이 사랑받을 만하지 못하다.'라는 생각이나 불안감 또는 원망감 등 감정 경험 자체뿐만 아니라 이러한 사적 경험을 불러일으킬 수 있는 사회적 자극 및 상황을 '회피'하는 방식으로 행동하게 되면(부적 강화), 결과적으로 새로운 관계를 통해 새로운 경험을 쌓을 수 있는 기회를 잃어버리게 됩니다. 이를 통해 사회적 기술을 발전시킬 수 있는 기회 자체를 잃어버리게 되는 것입니다. 여기에 경험회피의 문제가 있습니다.

치료적 함의

앞에서 행동에 영향을 미친 것이 '그때' '현재' '순간'에 실제로 발생한 일이 아니라, 과거 경험에 의해 언어적으로 간접 조건형성된 '생각'이라는 것에 유의해야 합니다. 한 시점에서의 경험이 언어화되면 그것은 실제 상황의 변화와 관계없이 현재나 미래에 영향을 미칩니다. 이것이 언어를 통한 간접 조건형성이 소거되기 어려운 이유 중에 하나입니다.

문제는 우리가 사는 세상이 끊임없이 변한다는 점입니다. 어린아이에게 부모님의 보살핌은 단지 사랑이라는 감정의 문제가 아니라 생존에 절대적인 영향을 미치는 일입니다. 이후 자라나면서 우리의 세계는 가족에서 친구로 더 넓은 사회적 환경으로 확대되며, 이전에 만났던 사람들도 있지만 새로운 상황과 환경에서 새롭게 만나게 되는 사람들이 생기고, 스스로 자신의 환경을 어느 정도 선택할 수 있게 됩니다.

과거의 경험 그 자체가 없어지거나 사실이 아니라는 것이 아니라, 과거의 경험이 사실이었던 만큼 우리에게는 매 순간 새로운 시간이 찾아오는 것도 사실이라는 것을 이야기하고 싶습니다. 만약에 내가 과거와는 다른 삶을 원한다면 그것을 시작할 수 있는 것은 '지금 이 순간'이라는 점을 기억해야 합니다. 그리고 지금 이 순간 내가 경험하는 2개의 세상-피부 안과 피부 밖의 세상-을 분별할 때, 시간의 변화에 관계없이 화석처럼 남은 언어(생각)가 아니라 실제 '지금 이 순간의 삶의 맥락'에 따라 행동할 수 있습니다.

언어란 그때의 맥락에서, 실제 행동이 일어나지 않는 상황에서는 그저 '말'이나 '생각'일 뿐입니다. '나는 실패자다.'라는 생각이 들었다고 내가 갑자기 실패자가 되는 것은 아니며, 지금 이 순간 갑자기 실패자가 될 행동을 한 것도 아닙니다. 이후 ACT의

<연습 5> 나는 바나나다

눈을 감고 마음속으로 '나는 바나나다.'라고 되뇌어 봅니다. 마치 그 말이 사실인 것처럼 느껴지게, 노란 바나나색을 생각해보고, 바나나 향을 그려보고, 맛을 상상하면서 그 말을 마음속으로 여러 번 되뇌어 봅니다. 그리고 눈을 떠보세요. 자, 자신이 바나나가 되었나요?

치료 과정을 다루며, 탈융합에 대해서는 조금 더 자세하게 다루게 되겠지만, 언어와 맥락과의 관계를 이해하기 위해 간단한 연습을 해보겠습니다.

'나는 실패자다.'라는 생각도 마찬가지입니다. 때로 그것이 사실인 것처럼 느껴지고, 그 생각이 끊임없이 떠오르며 머리에 껌처럼 붙어있는 것처럼 느껴지지만, 그렇게 느껴졌다고 그렇게 된 것은 아닙니다. '나는 바나나다.'라고 되뇌었다고 그렇게 되지 않는 것과 마찬가지로, 아무런 행동도 하지 않은 상태에서 그저 머릿속에 떠오른 생각들은 단지 '말'이거나 '생각'일 뿐입니다. 그 이상도 그 이하도 아닌….

당신이 치료자라면 기억해야 할 것은 자신에 대한 판단을 비롯해 여러가지 판단을 하고, 때로 과거나 미래에 사로잡히기도 하는 것이 '인간'이라는 것입니다. 그것이 바로 우리 '마음이 하는 일'입니다. 우리가 할 수 있는 일은 그것을 그저 있는 그대로 보는 것입니다.

또한 내담자나 나의 모든 경험들이 지금의 나를 만들었기 때문에, 그때의 경험에 의해 만들어진 생각이나 기억 중 어떤 것도 잘못된 것이나 없애야 할 것은 없습니다. 내담자를 대할 때 치료자로서 우리는 이것을 기억해야 합니다.

언어(생각)와 마음에 대한 이러한 철학적 기반을 바탕으로, ACT의 치료 작업은 몇 가지 특징을 보입니다(Hayes, 2011).

- **내담자를 고치거나 설득하려 하지 않는다.**
- **내담자의 고민은 어제오늘 갑자기 생겼다기보다 오랫동안 씨름해온 것들이다.**
- **진단으로 낙인찍지 않는다.**
- **치료 과정은 공감적이며, 확신을 주는 과정이다.**
- **내담자의 선택에 대해서는 무조건적인 존중과 중립적인 자세를 유지하며, 그들의 경험을 믿는다.**
- **우리의 가치나 취약함 모두가 상당히 대인관계적이라는 것을 기억한다**
- **현재 순간에 굳건히 접촉하며, 현실과 내담자의 기대를 명료히 분별한다.**

수용-전념 치료는 언어의 순기능 및 역기능에 대한 이해를 바탕으로 진행됩니다. 이는 ACT의 치료 과정 중 가치와 관련된 탐색을 할 때 특히 도움이 됩니다. 언어를 통해 단기적인 행동의 결과뿐만 아니라 장기적인 삶의 방향을 이야기할 수 있습니다. 또한 ACT에서는 언어가 경험과 조건화되는 과정을 고려해 치료 과정에 경험적 연습(exercise)과 은유(metaphor)를 사용하며, 이를 통해 언어가 경험을 제약하는 영향을 줄이려 합니다.

경험회피에 대한 행동주의적 이해

앞에서 우리는 생각이 우리가 스스로에게 하는 말, 즉 내적 언어 행동이라는 사적 사건임을 알았습니다. 이처럼 우리 피부 안에서 일어나는 사적 사건에는 생각뿐만 아니라 기분, 기억 등이 포함되어 있습니다.

우리가 불편하게 여기는 감정 중 대표적인 감정인 '불안'을 예로 들자면, 불안이라는 감정반응은 잠재적인 위협으로부터 스스로를 보호하도록 우리가 타고난 자율각성반응을 포함하고 있습니다. 그래서 우리는 큰소리가 들리면 깜짝 놀라 멈추며, 인도로 뛰어드는 차와 같이 생명을 위협하는 자극에 처하면 순간적으로 초인적인 힘이 솟기도 합니다. 이처럼 '불안반응 자체'는 우리를 위협으로부터 보호하는 중요한 기능을 하는 반사 행동과 자율각성반응으로 구성되며, 우리를 살아있게 합니다. 물론 심장이 귀에 붙은 듯하고, 가슴이 조여드는 것 같이 느껴지는 이러한 기분을 좋아하는 사람은 없지만, 마치 알람처럼 이렇게 불안이 시끄럽게 마음에서 울리지 않는다면, 우리는 불안 상황에 다급히 대처하기 어려울 것입니다.

그렇다면 생존하기 위해 타고난 자연스런 정서반응, 즉 불안이 문제가 되는 과정은 무엇일까요? 행동주의에서는 감정 경험 또한 행동 사건으로 정의하며, 수동적 조건형성으로 나타나는 몇 가지 유형의 조건 반응을 조건 정서반응이라고 합니다(Watson, & Rayner, 1920).

행동주의에서 불안의 조건형성 과정을 볼 수 있는 실험으로 '리틀 알버트 실험'이 있습니다. 이 실험에서 쥐에 대한 공포가 없었던 알버트에게 쥐를 보여주고, 망치로 쇠막대기를 쳐서 큰 소리를 냈을 때, 이 큰소리가 알버트에게 놀람반응(무조건 반응)을 유발하게 됩니다. 이후 쥐와 큰소리를 짝지어 충분히 반복적으로 제시하면, 큰소리 없이 쥐만 제시되었을 때도 놀람반응을 경험하게 됩니다. 이러한 실험과정에서 쥐는 조건자극이 되고, 쥐를 무서워하지 않던 알버트가 이후 쥐를 보면 조건 반응으로 울기와 불안 공포의 유형인 자율각성반응을 일으키게 되는 것이죠.

이때 조건화를 통해 행동(여기서는 불안반응)이 달라지는 것이 아니라 이와 관련된 선행사건으로 자극이 변화되었다는 점을 주목할 필요가 있습니다. 행동주의 맥락에서의 ACT를 설명하면서 이미 이야기했지만, 학습을 통해 변화(획득)된 것이 행동(앞의 예에서는 불안)이 아니라면 그 소거과정 또한 반응이나 행동(불안)을 바꾸는 것이 될 수 없다는 것을 기억하십시오.

불안이라는 감정 자체를 무디게 하거나, 다른 것으로 바꾸는 것이 소거가 아니라면, 불안의 소거(치료)는 어떻게 일어날까요?

앞의 실험에서 알버트는 이제 쥐를 무서워하게 되었습니다. 애초에 쥐를 무서워하게 된 것은 쥐가 나타나면 큰소리가 같이 나타나기(연합) 때문이었는데, 이제 알버트는 흰쥐의 꼬리라도 보이기 시작하면 이후 나타날 큰소리나 이로 인한 불안을 피하기 위해 미리 도망가게 될 것입니다. 그러다 어느 순간 더이상 큰소리가 나지 않는다 해도, 소리가 나기 전에 이미 그 자리를 회피했기 때문에 이를 알아채기가 어려워지고, 불안은 계속 유지되게 됩니다.

이처럼 한번 학습된 불안이 계속 유지되는 데는 실제 두려운 일이 일어나기 전 미리 회피하는 행동이 주요한 역할을 합니다. 회피 행동이 혐오자극인 흰쥐를 미리 피할 수 있도록 해 부적 강화로 작용합니다.

그렇다면 알버트는 흰쥐가 나와도 더이상 무서운 큰소리가 나지 않는다는 것을 알기 위해서 어떻게 해야 할까요? 흰쥐가 나온 이후 무서운 큰소리가 나지 않는다는 것을 볼 수 있을 만큼 그 자리에 머물러 있을 수 있어야만 할 것입니다. 회피 행동을 지양하고 문제와 대면할 때 비로소 더이상 무서운 큰소리가 나지 않는다는 것을 깨달을 수 있기 때문입니다. 이런 이유로 실제 대부분의 불안 문제에 대한 심리치료에서는 두려운 대상에 대한 노출 회기가 포함되어 있습니다.

문제는 우리가 피부 밖의 맥락에서 일어나는 '흰쥐'라는 자극에 대해서만 불안을 느끼는 것이 아니라는 점입니다.

우리가 두려워하는 것이 불안이라는 감정 경험 또는 이와 관련된 생각 그 자체라면 어떻게 해야 할까요? 이렇게 경험을 회피하려는 시도를 '경험회피'라고 합니다. 앞의 언어적 관계 형성 이론에 대한 설명에서 이야기했듯이, 우리는 언어화된 생각만으로도 이와 연합된 감정을 다시 경험하게 됩니다.

피부 안의 세상은 피부 밖의 세상처럼 문제해결적인 통제 중심적 대처가 작동하는 맥락이 아닙니다(1장에서의 흰곰 실험을 기억하십시오). 공적 사건인 회피 행동에 대해서 노출치료를 하듯이 원치 않는 생각이나 감정 등의 불편한 경험(혐오자극)에 있는 그대로, 모든 감각과 경험을 처음부터 끝까지 할 수 있도록 이에 머무르는 것, 이것이 피부 안의 사건에 대한 노출 다시 말해 '수용'입니다.

다음 장에서는 수용-전념 치료의 바탕색으로서의 기능적 맥락주의 철학에 따라, 수용을 비롯한 실제 치료적 과정이 어떻게 진행되는지 알아보도록 하겠습니다.

2장 핵심요약

• 불안과 관련된 생각과 감정을 억제하거나 통제하는 것보다 '수용'하도록 한 실험 집단의 불안 수준이 더 낮았으며, 더욱 중요한 것은 불안이 유발될 수 있는 상황에 다시 머무를 수 있는지와 관련된 '자발성'에 있어, 억제나 통제 집단에 비해 수용하도록 한 집단이 더 높은 자발성을 나타낸 연구결과 또한 이를 뒷받침한다는 것입니다(Levitt, Brown, Orsillo, & Borlow, 2004).

• ACT는 생각의 빈도를 줄이거나 그 내용을 바꾸려는 노력이 종종 효과적이지 않으며, 생각이라고 하는 사적 사건에 대한 반응을 보다 융통성 있게 할 수 있도록 맥락을 바꾸는 것이 그 내용을 교정하는 것보다 효과적이라고 보았습니다(Hayes et al., 1999).

• 수용-전념 치료의 기본철학으로서 기능적 맥락주의는 말 그대로 1840년대 행동주의에 영향을 미친 기능주의와 맥락주의에 영향을 받은 철학으로 볼 수 있겠습니다.이는 수용-전념 치료의 기본적인 철학으로, 마치 ACT라는 그림이 그려지는 종이의 바탕색과 같은 것입니다.

• 심리학에서의 맥락주의(contextualism)란 인간의 성격, 특성, 행동이 다른 것과 구별되는 별개의 요소(entity)나 별개의 정신적 현상이 아니라, 맥락에 따라 각각의 심적 사건 및 심리적 과정이 형성되는 현상으로 보았습니다(Torneke, 2010).

• 수용–전념 치료에서 언어와 인간 고통 간의 관계를 설명하는 이론으로 '언어적 관계 형성 이론(relational frame theory)'이 있습니다. 이는 스키너로 대표되는 행동주의 이론을 바탕으로 인간의 사적 사건, 그 중 특히 생각(사적 언어)과 마음과의 관계를 설명하는 이론입니다.

• 기능분석은 행동의 옳고 그름이 아니라, 행동이 기능하느냐 하지 않느냐가 중요하다고 봅니다. 내가 가지고 있는 기대의 틀로 행동을 보거나, 또는 옳고 그르다는 판단으로 행동을 보는 것이 아니라, 현재 이미 일어나고 있는 행동을 있는 그대로 전후관계의 맥락과 사건의 기능으로 살펴보는 것, 그것이 수용–전념 치료에서의 기능분석이며, 이것이 변화의 시작입니다.

• 내가 과거와는 다른 삶을 원한다면 그것을 시작할 수 있는 것은 '지금 이 순간'이라는 점을 기억해야 합니다. 그리고 지금 이 순간 내가 경험하는 2개의 세상–피부 안과 피부 밖의 세상–을 분별할 때, 시간의 변화에 관계없이 화석처럼 남은 언어(생각)가 아니라 실제 '지금 이 순간의 삶의 맥락'에 따라 행동할 수 있습니다.

• ACT에서는 언어가 경험과 조건화되는 과정을 고려해 치료 과정에 경험적 연습(exercise)과 은유(metaphor)를 사용하며, 이를 통해 언어가 경험을 제약하는 영향을 줄이려 합니다.

Acceptance and Commitment Therapy

3장

수용-전념 치료의 치료 과정을 파악하자

앞의 장에서는 수용과 전념 치료의 근본적인 바탕색으로서 그 기저의 철학에 대해서 알아보았습니다. 3장에서는 수용-전념 치료의 주요 치료 과정 변인에 대해 알아보겠습니다. 우선은 결과 중심적으로 치료 효과를 논하는 지금까지의 관점과는 다르게 과정 중심적으로 치료 효과를 논하는 것이 왜 필요한지 이야기하면서, 치료에 대한 패키지 중심의 접근에서 과정 중심적 접근으로의 전환을 다루도록 하겠습니다.

실제 수용-전념 치료에서의 병리과정에 대한 모형 및 그 각각의 과정에 대응되는 치료 과정 모형을 함께 살펴보도록 하겠습니다. 수용-전념 치료는 크게 3가지 부분으로 구성됩니다. 이 3가지 파트는 순서대로 진행되는 것은 아니며, 대개는 동시에 작동합니다.

첫 번째 파트는 상처가 있는 곳으로 고개를 돌리고 마음을 여는 과정(open)이며, 두 번째 파트는 첫 번째 파트와 세 번째 파트의 과정에 모두 관여하는 중심잡기(centered)의 과정으로, 고통의 순간에 지금보다 큰 나로서 존재하는 것을 말합니다. 마지막 세 번째 파트는 공적 사건이 벌어지는 맥락에서 자신의 가치를 향해 한 걸음 한 걸음 걸어가는 과정으로, 세상에 관여하기(engaged)의 과정입니다. 우선 크게 3가지 부분을 설명한 이후 이를 구성하는 6가지 치료 과정(hexaflex)을 알아보겠습니다.

이때 개별 6가지 과정의 기능이 제대로 되지 않을 경우 생길 수 있는 임상증상에 대해 알아보며, 각각의 과정에서 활용할 수 있는 치료기법의 예를 알아보도록 하겠습니다.

수용-전념 치료의 치료 효과는 무엇인가?

앞의 장에서는 수용과 전념 치료의 근본적인 바탕색으로서 그 기저의 철학에 대해 알아보았습니다. 이번 장에서는 수용-전념 치료의 주요 치료 과정 변인에 대해 알아보겠습니다.

치료의 효과는 어떻게 이야기할 수 있을까요? 기존의 변화 중심적인 치료에서는 '문제'라고 생각되는 우울, 불안 등의 부정적인 정서의 빈도를 줄이거나 없애는 것을 목표로 해왔기 때문에, 치료 후 이러한 부정적 정서의 변화를 아마도 치료 효과라고 이야기할 수 있을 것입니다. 수용-전념 치료는 앞에서도 강조했듯이 불편한 생각, 감정, 기억 등의 빈도나 강도를 줄이거나 없애는 것을 목표로 하지 않으므로, 이것이 목표가 될 수는 없겠지요. 궁극적인 치료 효과는 이러한 모든 불편한 생각과 감정, 기억을 안고도 개인이 얼마나 원하는 삶을 영위하고 있느냐가 될 것입니다.

이에 대한 심리적 측정치 중 하나가 '심리적 유연성(flexibility)' 입니다. 심리적 유연성을 증가시키는 것이 어떻게 개인이 원하는 삶을 영위하는 데 중요한 변인이 될까요?

앞에서 이야기 나누었듯이 수용-전념 치료는 고통의 원인 중 하나로 융합(fusion)을 이야기합니다. 융합이란 말과 현실을 혼동하는 것이라 할 수 있습니다. 우리는 대개 우리 자신이나 세상에 대한 내재화된 말(생각)을 가지고 있는데, 때로 이러한 생각을 현실과 혼동하는 것이 고통의 원인이라는 점을 앞에서도 살펴보았습니다.

문제는 현실이 흐르는 물처럼 끊임없이 변하는 것이라는 데 있습니다. 말은 한때 이러한 현실을 담아낼 수 있었을지 몰라도 시간이 흘러 현실이 변화하면, 말은 화석처럼 남아 우리가 현실을 있는 그대로 보는 것을 어렵게 합니다. 그렇게 되면 우리는 한때 '사실이었을 수도 있는' 생각을 너무 경직되게 받아들임으로써 변화무쌍한 현실에 유연하게 대처하기 어려워집니다. 바로 이때 필요한 것이 '심리적 유연성'입니다. 이러한 심리적 유연성을 통해 우리는 '말(생각)'에 갇히지 않고 매 순간 수많은 가능성이 펼쳐지는 선택들에 접근할 수 있게 되며, 우리가 원하는 삶에 다가갈 수 있게 됩니다.

다시 처음의 질문으로 돌아가 치료의 효과는 어떻게 이야기할 수 있을까요? 최근까지 우리는 치료가 종결되는 시점에서 치료 목표의 달성 여부로 치료 효과를 이야기해왔습니다. 하지만 행동주의에서 행동의 변화, 즉 학습이란 '결과'가 아니라 그 '과정'에 있습니다. 단순히 종결 후 효과, 즉 변화의 결과만이 아닌 변화의 모든 과정 그 자체가 치료의 목표가 됩니다. 변화를 만들어가는 작은 단계들, 그 과정들을 경험해보는 것 그 자체가 학습이며, 이는 비단 '지금'의 치료 효과에 반영되지 못한다 해도 새로운 방법을 시도해본 연습이 되어 이후 변화에 영향을 미칩니다. 실제 많은 내담자들이 치료 과정을 통해 '무엇인가'가 달라지고 자신에게 '힘'이 생긴다는 말을 자주합니다. 설령 그것이 처음 치료를 찾을 때 예상했던 방식과는 다를지라도 말입니다.

더불어 수용-전념 치료는 기존의 개별 패키지 중심의 치료적 접근에서 과정(process) 중심으로 치료를 접근해야 한다는 기본적인 입장을 가지고 있습니다. 1940년대 초반 행동주의가 실험연구에서의 결과를 치료 과정에 도입해 치료 이론의 발전을 도모했듯이 수용-전념 치료의 태동 또한 이러한 기본적인 태도로부터 시작되었습니다. 사실 수용이나 마음챙김 등 수용-전념 치료의 주요 과정은 실험연구를 통해 그 과정이 보다 명료히 밝혀

지고, 그 효과가 검증되면서 이후 ACT의 치료적 과정으로 흡수되어 왔습니다. 다시 말하자면, 특정 치료의 '이름'이 아니라 그 '과정' 중 어떤 것이 어떻게 우리 마음에 영향을 미치는지를 아는 것이 단순히 치료 전후를 비교하는 것에 비해 더 많은 정보를 우리에게 준다고 보았습니다. 그리고 이것이 이후 더 나은 치료적 접근으로 끊임없이 진화하는 데 또한 주요합니다. 이에 국내에서도 불안에 대한 수용-전념 치료의 치료 과정 변인을 밝히고 그 매개효과를 검증한 연구(이선영, 2010)를 처음 시작으로, 수용과 전념 치료의 과정 변인에 대한 연구가 계속되고 있습니다.

수용-전념 치료에서의 병리모형

자, 이제 수용-전념 치료의 치료 과정을 이야기하도록 하겠습니다.

수용-전념 치료를 아시는 분은 육면체 모형(hexaflex model)을 들어보셨을 것입니다. 수용과 전념 치료의 치료 과정과 병리모형은 모두 6가지 과정으로 구성되어 있습니다. 또한 이 6가지 과정은 서로 분리되어 있는 것이 아니라 마치 모빌처럼 서로 하나로 연결되어 있습니다. 여러분은 육면체 안쪽에서 꼭짓점들이 서로 연결되어 있는 것을 확인할 수 있을 것입니다.

수용-전념 치료에서의 병리모형: 심리적 경직성

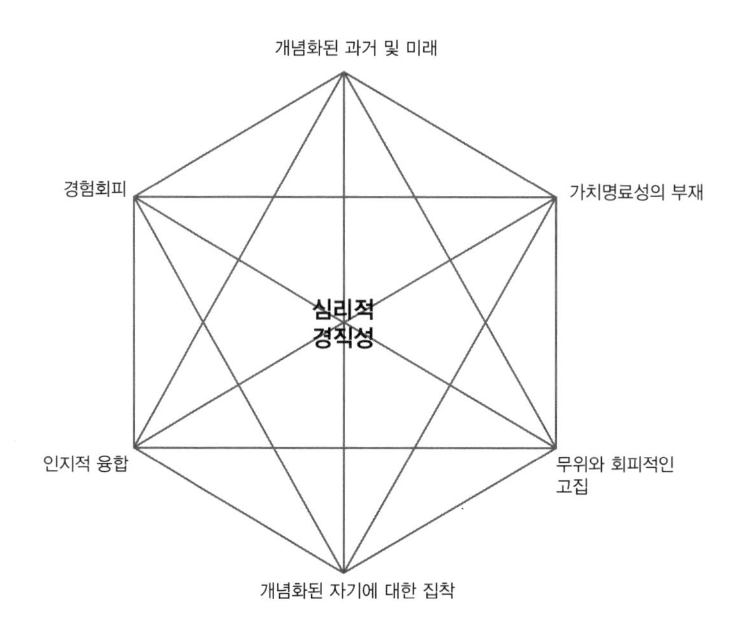

병리모형의 각 꼭짓점은 그에 대응하는 치료모형과 연결되어 있습니다. 즉 병리모형에서 '경험회피'는 치료모형에서의 '수용'과 대응되며, 병리모형에서 '인지적 융합'은 치료모형에서의 '탈융합'과 대응됩니다. 병리모형에서 '가치명료성의 부재'는 치료모형에서의 '가치'와 대응되고, 병리모형에서의 '무위와 회피적인 고집'은 치료모형에서의 '전념 행동'과 대응됩니다. 또한 병리

수용-전념 치료에서의 치료모형: 심리적 유연성

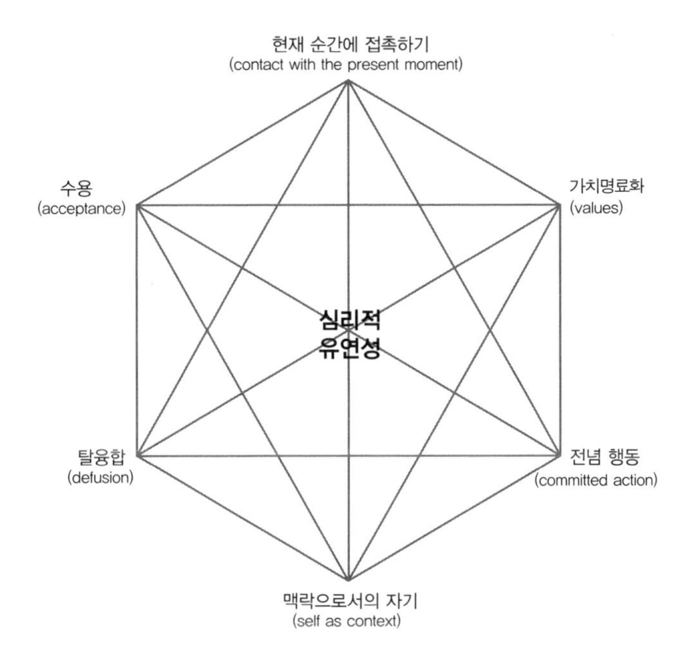

모형에서 '개념화된 과거 및 미래'는 치료모형에서의 '현재 순간에 접촉하기'와 대응되고, 병리모형에서의 '개념화된 자기에 대한 집착'은 치료모형에서의 '맥락으로서의 자기'와 대응되는 과정입니다. 이에 두 모형을 개괄적으로 동시에 설명한 이후, 치료과정 각각에 대한 보다 자세한 내용을 살펴보도록 하겠습니다.

수용-전념 치료에서의 치료 과정

수용-전념 치료에서는 병리적인 심리 과정이 정상적인 심리 과정과 배타적으로 존재하는 것이 아니라고 봅니다. 병리적인 '요소'가 따로 있는 것이 아니라 하나의 '과정'이 기능적으로 작용하지 못하면 그것이 병리가 되고, 이를 치료적으로 접근해 기능하도록 하면 치료적 과정이 된다고 보는 것이죠. 이처럼 수용-전념 치료에서는 정신병리를 설명하는 과정이 일부 병리를 앓고 있는 사람들만 경험하는 특유의 과정이 아니라 모든 사람들이 경험할 수 있는 공통의 심리 과정이라고 봅니다.

우울이나 불안 등 심리적 문제의 '형태'가 다를지라도 그것의 원인이 되는 심리적 과정의 '기능'은 위에서 설명한 6가지와 관련되어 있다고 보는 것이 병리적인 모형의 핵심이라고 볼 수 있겠습니다.

이러한 수용-전념 치료의 6가지 과정은 크게 3가지 부분으로 나뉩니다(Hayes, 2011). 고통을 향해 마음을 여는(open) 과정과 피부 밖의 세상에 관여하는(engaged) 과정, 그리고 이 두 과정 모두에 필요하며 중심을 잡는 중심잡기(centered)의 과정이 그 3가지 요소입니다.

상처를 치료하기 위해 상처 쪽으로 가슴을 열다: 고통에 마음을 열기

첫 번째 파트는 피부 안의 세상이라는 맥락과 관계된 과정으로서 수용과 탈융합으로 이루어져 있습니다. 바로 고통을 향해 마음을 여는 'open'의 과정입니다. 수용과 탈융합에 대해서는 이후 각각의 과정별로 대표적인 기법들을 설명하면서 자세히 설명하도록 하겠습니다.

'open'의 과정은 우리가 원치 않는 감정이나 생각을 경험할 때 우리의 태도를 말해줍니다. 이때 'open'이란 마치 바닷가에

마음을 여는 과정(Open)

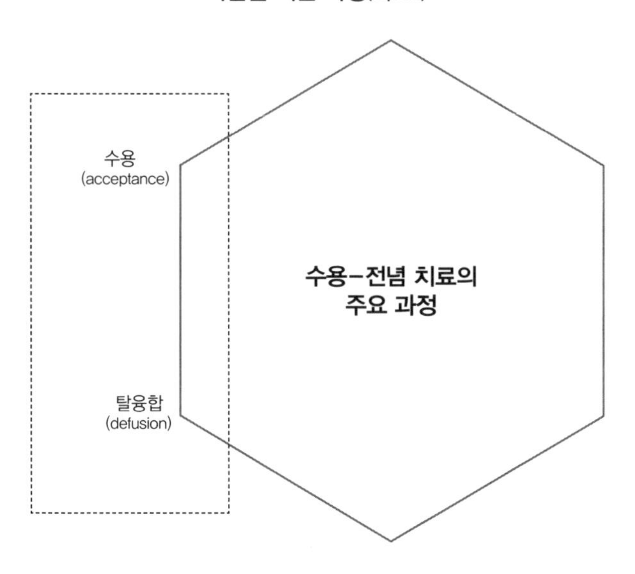

서서 파도가 오고 가는 것을 보는 것과 같은 태도입니다. 때로는 넘실거리는 파도가 우리를 삼킬 듯이 보이며, 발끝을 적시기도 하지만, 우리가 바다로 걸어 들어가지 않는 한 바닷가에 서서 그 어떤 파도든 바람이든 오고 가는 것을 바라볼 수 있습니다. 가슴을 열어젖힌 채로 바닷가에 서 있는 자신의 모습을 상상해보세요. 그것이 지금 이야기하는 '여는' 과정입니다.

우리를 괴롭히는 생각이나 감정 또는 기억들에 대한 지금까지 우리의 반사적인 반응은 아마도 이를 외면하거나 그것에 등을 보이고 움츠리는 것일 겁니다. 수용-전념 치료는 이러한 반사적인 반응에서 벗어나 다른 반응을 선택하도록 제안합니다. 우리가 바닷가에서 파도로부터 움츠릴 때, 우리는 바다를 등지게 됩니다. 그러면 바다와 수평선을 물들이는 아름다운 노을과 하늘로부터 벗어나 눈앞에는 오로지 발끝에 닿는 파도만이 보이게 되겠죠. 이제 바닷가에 멈춰 서서 발끝을 간질이는 모래를 느끼고, 때로 바닷물에 살짝 젖으며, 바람이 이 모든 것을 실어왔다 실어가는 것을 가슴을 열고 바라보세요. 그리고 그때와 똑같은 태도로 당신의 생각과 감정, 기억이 왔다 가도록 둔 채 순간의 경험에 가슴을 여는 것, 이것이 '수용'의 과정입니다.

이처럼 가슴을 여는 것이 아마 평상시에는 그렇게 어렵지 않을 것입니다. 문제는 원치 않는 상황이 펼쳐질 때, 우리 피부 안의 또 다른 세상에서 원치 않는 생각과 감정, 기억이 불현듯 거대한 파도처럼 몰아칠 때, 그때 이렇게 가슴을 '여는' 과정이 우리에게 도전이 될 것입니다.

앞에서 살펴보았듯이 이때 원치 않는 내적 경험으로부터 계속 도망가는 것이 수용-전념 치료에서 인간 고통의 원인으로 이야기한 '경험회피'입니다. 또 앞의 비유에서 파도를 바라보며 '파도가 너무 거대해, 아마도 내가 쓸려 죽을 거야.'라는 생각이 들었다고 가정해보겠습니다. 이때 이런 생각이 머릿속에 떠올랐다(사적 사건)는 것을 실제로 그런 일이 일어났다(공적 사건)와 혼동할 수 있는데, 이렇게 되면 우리는 두려움에 가슴을 닫게 될 것입니다. 이것이 '융합'입니다. 이와 같이 '경험회피'와 '융합'의 2가지 과정이 'open'의 치료 과정을 방해하는 과정으로, 수용-전념 치료에서 피부 안의 맥락과 관련된 병리적 과정이 됩니다.

지금보다 큰 나로서 현재에 머무르다: 중심잡기

두 번째 파트는 '중심잡기'입니다. 이 부분은 육각형 중 가운데에 위치한 두 과정, 즉 현재 순간에 접촉하기와 맥락으로서의 자기의 과정으로 구성됩니다. 이 부분은 마치 자전거를 타면서 중심을 잡을 때, 그 핸들과 같은 부분입니다. 수용-전념 치료의 6가지 과정은 자전거를 타는 것과 같아서 'open'의 과정으로 좌회전을 하거나 'engaged'의 과정으로 우회전을 할 때 모두 핸들로 중심을 잘 잡는 것이 필요합니다. 이때 핸들이 되는 과정이 '중심잡기' 과정입니다.

앞에서 설명했듯이 수용-전념 치료는 크게 피부 안의 세상에 대한 '수용'과 피부 밖의 세상을 대하는 방식인 '전념'의 두 요소로 되어 있습니다. 이에 많은 사람들이 수용이나 전념에 대한 부분은 익숙히 들었으나, 이 두 요소를 실행하는 데 있어 중심이 되는 과정인 '현재 순간에 접촉하기'와 '맥락으로서의 자기'에 대해

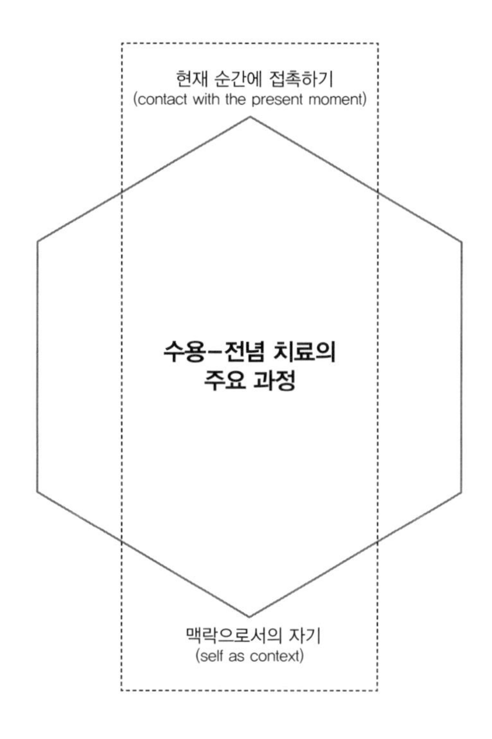

서는 상대적으로 낯설게 느낄 수 있습니다. 하지만 이 '중심잡기' 과정은 수용과 전념, 두 요소의 실행 모두에 관여하는 핵심적인 과정으로, 특히 수용-전념 치료의 과정이 코너링을 하거나 흔들릴 때 더 중요한 과정이 될 수 있습니다.

원치 않는 생각이나 감정, 또는 기억이 나를 괴롭힐 때 우리는 수용의 과정을 시작합니다. 이때 우리는 생각이 기차처럼 달리기 시작할 때 기차에 올라타는 것이 아니라, 플랫폼에 서서 기차가 오고 가는 것을 그저 바라보게 됩니다. 이때 플랫폼이 되는 것이 바로 '현재 순간'입니다.

생각이란 것은 찰나의 순간에 우리를 과거로 데려가기도 하고, 아직 일어나지 않은 일들이 있는 미래로 데려가기도 합니다. 이때 우리는 '현재 순간'이라는 플랫폼에 중심을 잡고 선 채로 생각이라는 열차가 과거에서 미래로 오가는 것을 관찰합니다. 이것이 잘 이루어지지 못하면 우리는 현재 순간이 아니라 과거의 경험이 남긴 '생각'에 휩쓸려 과거로 가거나, 아직 일어나지 않은 미래에 대한 두려움에 휩싸이게 됩니다. 이것이 수용-전념 치료에서 이야기하는 병리과정 중 하나인 '개념화된 과거 및 미래에 대한 공포'입니다.

또 다른 과정으로 불편한 경험의 순간에 내가 기대는 '나'인 '맥락으로서의 나'라고 하는 요소가 있습니다. 수용-전념 치료에서의 '나'는 크게 3가지가 있습니다. '맥락으로서의 나', '내용으로서의 나' 그리고 '과정으로서의 나'가 그것입니다. 이후 각 치료 과정을 설명하면서 자세한 이야기를 나누게 될 것입니다. 지금은 우선 '맥락으로서의 나'는 나에 대한 기대나 생각이 나라고 보는 것이 아니라 수많은 시간을 지나온 나, 생각이나 감정, 또는 기억 그 자체가 아닌 더 큰 나를 말하는 것이라 해두겠습니다. 원치 않는 경험을 하는 순간에 '나'를 바로 이런 맥락으로서의 내가 지탱해줍니다.

반대로 우리가 '내용으로서의 나'만 가지고 있다면, '관대한 나' '성공한 나' 등으로 보이기 힘든 상황에 처했을 때 이런 상황 자체를 외면하게 되거나, 자신을 부인하게 될 수 있습니다. 이것이 수용-전념 치료에서의 병리적 과정의 하나인 '내용으로서의 나에 대한 과도한 집착'입니다.

조금 과장해서 이야기하자면, '나'라고 하는 존재는 지금 이 순간에도 주어진 상황에서 계속 변화하고 있는 유기체입니다. 화석처럼 어떤 상황에서나 변함없는 '명사나 형용사'로 순간순간 계속 변화하고 있는 나를 정의내릴 수는 없습니다.

위대한 사람도 때로 위대해 보이지 않는 행동을 하기도 하고, 미천한 지위에 있는 사람도 때로 위대한 행동을 하기도 합니다. 한 번의 '행동'은 한 번의 행동일 뿐입니다. 그것이 긍정적인 행동이든 부정적인 행동이든…. 우리는 그저 개별 행동의 '결과'에 대해서 책임을 지고, 계속 자신의 가치를 향해 걸어나갈 뿐입니다. 그것이 수용-전념 치료에서 말하는 '품위'입니다.

이렇게 불편한 감정을 경험하는 순간, 현실에 머물면서 맥락으로서의 내가 '나'를 지탱해 수용과 탈융합을 하기도 하고, 때로는 가치에 따라 그 '순간'에 가능한 선택을 해 전념 행동을 할 수 있도록 합니다.

내 삶을 향해 한 걸음씩 걸어가다: 관여하기

자, 이제 마지막 파트인 '관여하기'로 넘어가겠습니다. 이 마지막 파트는 행동주의적인 요소가 가장 분명히 드러나는 부분입니다. 피부 밖의 세상과 관계를 맺는 방식에 해당하는 '가치명료화' 과정과 '전념 행동' 과정으로 구성됩니다.

이 부분은 피부 밖의 세상에서 문제해결을 하는 방식과 관계됩니다. 피부 안의 세상에서 일어나는 문제와 관련해서 우리는 가슴을 열었습니다. 피부 안의 세상이라는 맥락에서는 '통제 원

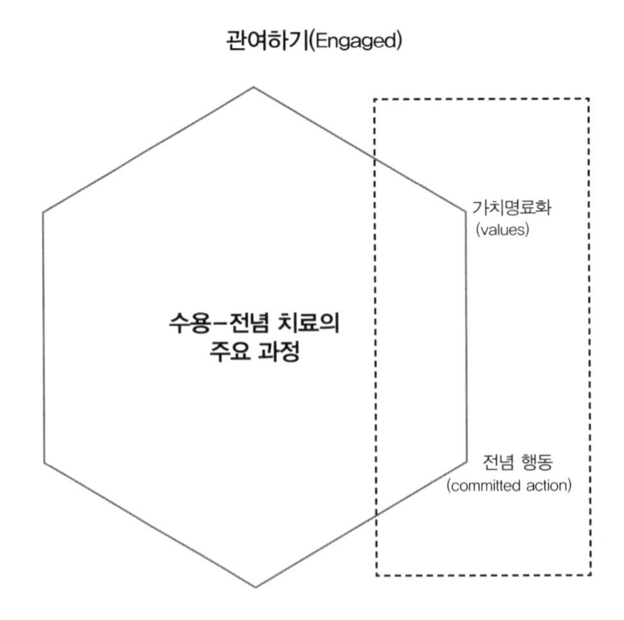

리'가 작용하지 않기 때문이죠. 그렇다면 피부 밖의 세상에서 문제가 생겼을 때는 어떻게 해야 할까요? 우리는 변화에 '관여'해야 합니다. 피부 밖의 세상에서의 변화는 매 순간의 선택에 따른 행동에 따라 '변화'가 가능하기 때문입니다. 반대로 이야기하면 우리가 행동하고 관여하지 않는다면 원하는 '변화'가 저절로 일어나지는 않습니다.

이때도 피부 안의 세상을 다룰 때와 마찬가지로 '중심잡기' 과정이 필수적으로 필요합니다. 다시 말해 가치라고 하는 것은 등대와 같아서 방향을 알려주지만, 그 방향에서 지금 내 배가 있는 곳의 파도가 어떤지, 낮인지 밤인지 등 현재 순간의 상황에 따라 지금 할 수 있는 행동을 선택해 '전념'해야 합니다. 또 행동을 선택할 때는 자신에 대한 생각에 따라 결정하는 것이 아니라 보다 큰 맥락으로서의 나로서 행동을 선택해야 합니다.

이와 관련된 병리모형으로는 '가치명료성의 부족'을 먼저 이야기할 수 있습니다. 즉 앞에서 비유했듯이 가치라는 것은 밤바다를 저어갈 때 멀리 보이는 '등대'와 같은 것입니다. 등대를 확실히 보고 방향을 잡지 못하면 그때그때 파도에 휩쓸리거나, 거친 파도가 나타나면 방향을 틀어 도망가려다 엉뚱한 곳으로 배를 저어갈 수도 있을 것입니다. 이처럼 가치가 명료하지 않을 때 우리는 그저 주변에서 요구하는 대로 순응만 하거나 그때그때 힘든 상황을 피하는 것을 목표로 행동하게 되는데, 이것이 수용-

전념 치료에서 또 다른 병리적 과정이 됩니다.

또 등대를 찾았다 하더라도 그 방향으로 배를 젓지 않으면 배는 결코 앞으로 나아가지 못할 것입니다. 이때 한번의 노젓기, 이것이 '전념 행동'입니다. 전념 행동은 변화무쌍한 물결에 따라 가치라고 하는 방향으로 젓는 노, 바로 그것입니다. 만약에 우리가 전념 행동을 하지 않게 되면 그저 배 안에 앉아 배가 저절로 움직이기를 바라는 나태나, 항해가 힘들다고 내 배를 내가 뒤집는 충동적인 행동을 보일 수도 있으며, 파도가 나타나면 계속 피하느라 점점 등대에서 멀어지는 지속적인 회피 패턴을 보일 수도 있습니다. 이러한 행동 양상들 또한 수용-전념 치료에서 말하는 병리모형의 과정입니다.

수용-전념 치료의 치료 과정 모형

"나는 내 몸에서 뇌가 가장 중요한 기관이라 생각해왔다.
그러다 순간 그렇게 이야기하고 있는 것이 무엇인지 깨달았다."
-에모 필립스(Emo Phillips)

말은 말일 뿐 현실이 아니다: 생각의 탈융합

앞에서 다루었듯이 '융합'은 수용-전념 치료에서 가정하는 인간 고통의 원인 중 하나입니다. 이러한 융합에서 벗어나도록 돕는 것, 이것이 치료 과정의 하나인 '탈융합'입니다.

우리가 말을 하지 못할 때는 모든 것을 자신 및 타인과 직접적 경험을 통해 공유합니다. 말을 배우고 나서 우리는 우리의 감

탈융합이란 생각을 통해 보는 세상이 '생각'임을 알아차리는 것이다.

각을 통해 직접적으로 경험하는 세상만이 아닌 '언어'로 표현되고 평가된 세상 또한 살게 됩니다. 이때 내현화된 언어인 '생각'은 또 다른 생각이나 판단과 계속적으로 연합되며, 점점 더 복잡해지게 되고 소거가 어려워지게 됩니다. 예를 들어 아이는 눈물이 날 때 그것을 '운다.'라는 말로 표현하는 것을 배우게 됩니다. 이후 이 '우는 것'은 '약한 것' 또는 '지는 것'이라는 사회-언어적 평가와 연합이 될 수 있습니다. 이후 '지는 것'은 '사람들이 좋아하지 않는 것' '인기가 없는 것'이라는 또 다른 평가와 연합이 될 수 있습니다. 이렇게 되면 다음에 눈물이 날 때, 자신의 눈물이 뜨겁게 뺨 위를 타고 흘러내리는 실제 '경험'과 사회-언어적인 평가의 렌즈로 본 자신 및 지금 상황에 대한 평가를 구별하기가 어려워집니다.

탈융합이란 이때 생각을 생각으로 보는 것입니다. 앞의 그림처럼 생각을 통해서 세상을 볼 때, 내가 보고 있는 것이 '있는 그대로의 세상'이 아니라 '생각'임을 알아차리는 것을 말합니다. 이렇게 할 때 내 머릿속의 생각이나 이유에 따라 행동을 선택하는 경우를 줄일 수 있습니다.

사실 언어는 우리의 삶에 너무도 깊숙이 연관되어 있기 때문에 이러한 영향에서 완전히 벗어난다는 것은 어렵고, 언제나 그래야 할 필요도 없습니다. 문제는 우리가 고통의 순간에 있을 때, 그리고 가치로운 삶의 방향으로 가는 여정에서 장애물을 만났을 때, 그때는 우리 생각이 만들어 낸 이유에 의해서 움직일 것인지 또 우리가 빠진 고통의 늪이 실제인지, 언어에 의한 것인지 알아챌 필요가 있습니다.

융합의 단서

그렇다면 현재 순간에 일어나고 있는 일을 알아채지 못한 채, 융합이 일어나고 있다는 것을 알아챌 수 있는 단서는 어떤 것이 있을까요?

우선 가장 대표적인 단서로는 이유, 이야기, 자기-판단이 있습니다(Hayes, & Strosahl, 2004 ; Hayes, 2011). 옳은 사람이 되고자 하며, 인정받을 이유를 찾거나 자신에 대한 이야기에 집착하는 것 등이 회기중 대화에서 융합이 일어나고 있는 것을 알아챌 수 있는 중요한 단서입니다. 이는 실제로 처음 상담을 받으러 온 내담자에게서 심심치 않게 관찰되는 양상입니다. 내담자들이 상담 장면을 찾을 때, 이미 그들은 자신이 '문제'라고 생각되는 자신의 부분에 대한 이야기를 가지고 있습니다.

오랜 시간 생각해온 나름의 이유도 가지고 있지요. 그것이 불우했던 어린 시절이나 양육자의 정서적 부재 등일 수도 있습니다. 나는 지금 그런 이유들이 거짓이라고 말하는 것이 아닙니다. 때로 너무도 가슴 아픈 일이라 아니길 바라지만 대개 그것은 사실로 보여질 때가 많습니다.

내담자는 이런 이유를, 스스로는 너무도 오랫동안 반복해온 이야기라 전혀 감정의 동요 없이 설명하기도 합니다. 듣는 사람에게 정서적인 메시지가 전달이 되기도 전에 이야기는 계속됩니다. 자신이 지금 '우울'하거나 '불안'하고 '불행'할 수밖에 없는 수많은 이유를 다 이야기하면 모든 것이 해결될 것이라는 기대나 압박마저 느끼는 것처럼 보입니다. 자, 이때 치료자는 무엇을 할 수 있을까요? 수많은 이유와 이야기가 때로는 너무도 정교하게 짜여져 있어 '변화'의 실마리를 찾기조차 어려워 보일 때도 있습니다. 이야기가 맞다고 해야 할까요? 아니면 다른 해석을 제공해야 할까요? 더 깊은 이야기를 탐색해야 할까요?

이야기가 맞고 틀리고와 관계없이 내담자는 지금 이 순간에 있지 않다는 것이 수용-전념 치료에서는 중요합니다(그것이 언어의 기능 중 하나입니다. 이야기를 통해 과거와 미래로 우리를 가져가는 것). 그저 자신의 오래된 이야기 속에서 똑같은 트랙을 돌고 있어, 훈련된 치료자는 내담자와의 대화에서 생기가 사라지고 때로 대화가 제자리를 계속 맴도는 것을 알아챌 수 있을 것입니다. 실제로 우리가 융합되는 생각들은 어제오늘 새롭게 떠오른 생각이 아닌 아주 오랜 시간 동안 머릿속에 머물며 그 생각이 맞는지, 그른지를 끊임없이 내 안에서 논쟁해온 오랜 친구 같은 것이기 때문입니다. 아마도 답이 있었다면 벌써 찾았을 것입니다.

치료자가 어느 생각의 편을 들던 논쟁은 계속됩니다. 예를 들어 우울한 생각에 젖어 있는 내담자의 성취를 치료자가 환기시키면 아마도 그것은 누구나 할 수 있는 것으로 성취가 아니라고 이야기할 것입니다. 또는 단점이나 실패에 대해 암묵적으로 동의한다면, 그 의미를 다시 확인하려 하거나 반대증거를 찾으려 할 것입니다.

때로 치료 장면에서 나는 이런 질문을 합니다. "오늘 40분 동안 자신이 생각하는 이유에 대해 이야기했어요. 방금 전 자신의 모습을 떠올려보세요. 이 방 안의 전체 모습과 함께. 자, 이제 그 모습이 어떻게 느껴지나요?" 때로는 이 단순한 질문이 내담자를 이야기에서 끄집어내 '지금'으로 데려옵니다. 그리고 때로는 이야기에 파묻혀 생략되었던 진짜 감정들이 표면으로 떠오르기도 합니다.

그때는 다음에 이야기할 '수용'의 과정으로 진행합니다. 이렇듯 융합은 거의 언제나 모든 곳에 있으며, 거의 모든 상황에서 일어나기 때문에 경우에 따라 알아채지 못할 수도 있습니다. 치료 과정에서 이러한 융합을 알아챌 수 있는 보다 구체적인 단서들에 대해 조금 더 알아보겠습니다.

첫째, 대개 평가적인 언급이 보이면 융합일 수 있습니다. 인지 행동 치료에서 이미 정의했듯이, 당위성에 대한 지나친 집착은 비합리적인 생각입니다. 이에 더해 '좋다.' '나쁘다.' '옳다.' '그르다.' '맞다.' '틀리다.' 등의 평가는 대개 지금 순간에 일어나는 일과 직접적인 접촉을 어렵게 하고, 말 안에 갇히게 할 수 있어 수용-전념 치료에서는 대표적인 융합의 예로 봅니다.

또한 앞에서도 이야기했듯이 융합은 보통 오래되고 익숙한 생각들입니다. 오늘 갑자기 떠오른 새로운 아이디어는 아니지요. 오랜 시간 동안 똑같은 질문과 비슷한 대답을 반복해온 경우가 많습니다. 오늘 내 삶의 '변화'를 원하면서 오래된 생각들의 싸움에 다시 갇힐 필요는 없습니다. 그저 오래된 친구처럼 생각이 다시 내게 이유를 만들어내라고 말을 걸면 가볍게 미소 짓고 인사

합시다. "안녕, 오래된 생각, 그 자리에 있고 싶으면 있으렴."

앞에 언급한 치료 장면의 예에서도 볼 수 있듯이, 이야기와의 융합은 말하는 사람이 이야기 속으로 사라지게 합니다. 그래서 치료자는 그런 대화를 생기 없다고 느끼는 것이지요.

둘째, 융합은 비교적이고 평가적입니다(Hayes, Strosahl, & Wilson, 2011). 비교의 대상이 타인일 수도 있고, 자기 자신의 기대일 수도 있지만 모든 비교는 비교하는 순간 실체의 유니크(unique)함이 사라지고, 이기거나 지는 것만 남습니다.

셋째, 내담자가 대화에서 '여기 말고 다른 곳이나 다른 때'를 이야기할 때 융합이 일어나고 있을 가능성이 높습니다(Hayes, 2011). 언어는 우리를 지금이 아닌 다른 시간, 즉 과거나 미래로 데려갈 수 있기 때문에 그 순간에 실제 경험을 언어로 대체하는 융합이 일어나고 있을 수 있습니다.

넷째, 융합이 일어나고 있으면 치료 회기 내에서 내담자의 마음이 분주하고, 혼란스럽게 느껴집니다. 마치 내담자의 몸은 치료자 앞에 있지만 마음은 폭주기관차처럼 현재에서 과거로, 또 현재에서 미래로, 이곳에서 다른 곳으로 질주하고 있는 것처럼 여겨져, 치료자 또한 그 기관차에 올라타야 할 것처럼 느낄 수 있습니다.

이제 그 순간에 할 수 있는 탈융합의 몇 가지 원칙에 대해 알아보겠습니다.

자신의 생각을 만화 속 말풍선처럼 바라보는 것은 맥락을 제공한다.

탈융합의 원칙

1. 맥락을 제공한다(Hayes, 2011 ; Luoma, Hayes, & Walser, 2007)

융합은 마치 언어라는 거울을 창문 앞에 두고 풍경을 보는 것과 같습니다. 우리가 거울에 코를 대고 보고 있다면 우리가 보는 것이 거울인지 창문인지 구분하기 어려울 것입니다. 고개를 들고 창문으로부터 몇 발자국 뒤로 물러서야 거울과 창문, 그리고 창문을 포함한 방이 전체로 보이게 되고, 이때 전체 풍경을 보게 됩니다. 이처럼 생각 안에 파묻혀 있을 때는 생각을 포함한 경험 전체를 볼 수 있도록 맥락을 제공하는 것이 도움이 됩니다. 이를 위해서 여러가지 은유를 사용하기도 합니다.

승객들이 꽉 찬 버스를 운전한다고 상상해보죠. 승객들은 각자 이 길이 더 빠르다, 여기서 이렇게 가야 한다, 저렇게 가야 한다, 이런저런 말들을 하며 운전하는 내 주의를 뺏습니다. 운전하는 나는 어떻게 해야 할까요? 승객들을 모두 내리게 하나요? 승객이 하라는 대로 운전할까요? 그러다 잘못된 길을 가거나 혹 사고가 나면 누구의 책임인가요?

결국 운전대를 쥐고 있는 것은 기사인 나입니다. 이 버스 안에 승객들은 내 머릿속의 수많은 생각처럼 이렇게 이야기하기도 하고 저렇게 이야기하기도 하죠. 그런 모든 말들을 들으며, 나는 가려는 길을 갑니다. 운전대를 잡고서.

2. 자동화된 반응을 알아채기(이선영, 한오성, 정은영, 2009)

언어적 관계는 여러 번 사용하게 되면 자동적으로 프로그램될 수 있습니다. 예를 들어 아래의 빈칸을 채워보십시오.[5]

반짝 반짝 (　　　)

낮말은 새가 듣고 (　　　)

하나의 사건과 다른 사건이 필연적인 것이 아니라, 언어에 의해 연합된 것임을 알아채는 데 내담자의 언어적 진술을 위의 연습처럼 떼어내보는 것이 도움이 됩니다.

3. 생각을 통제하는 것의 역설적 효과를 알기(Hayes, 2011 ; 이선영, 2011a)

생각을 알아채고 나면 원치 않는 생각을 통제하고 싶어질 수 있습니다. 마치 피부 밖의 세상에서 벌어지는 문제를 해결하듯이…. 하지만 앞에서 살펴보았듯이 우리가 사는 2개의 맥락, 피부 안과 피부 밖은 다른 원리가 작용합니다. 피부 안에서 일어나는 일들은 피부 밖의 문제처럼 통제하는 것으로 해결할 수 없습니다. 우리가 통제하려 하면 할수록 '흰곰'이 되어 더 버티게 되죠. 이것이 사고 억제의 역설적 효과입니다.

사고 통제의 역설적 효과로부터 벗어날 때 쓰는 방법 중 하나가 생각과 그 생각을 하고 있는 나를 분별하는 것입니다. 예를 들어 생각을 따옴표 안에 넣어보는 것도 생각과 그 생각을 하는 나를 분별하는 하나의 방법입니다.

나는 '　　　'이란 생각을 지금 하고 있다.

그럼에도 생각은 다시 오고 때로 버티는 것처럼 느껴질 수 있습니다. 그것이 우리 '뇌'가 하는 일이기 때문이죠. 뇌도 우리 몸의 모든 장기들처럼 뇌세포가 살아있는 한 한시도 쉬지 않고 일을 합니다. 생각은 그러한 뇌활동의 부산물이죠. 그러니 생각이 끊임없이 꼬리를 물 때면 당신의 뇌가 그만큼 부지런히 일을 하고 있다는 신호입니다. 여전히 건강한 뇌세포를 가지고 있다는 뜻이죠. 그러니 이러한 당신의 뇌에, 마음에 안심하며, 이를 따뜻하게 바라보는 것은 어떨까요? "아침부터 수많은 생각들을 만들어내느라 고생하네, 고마워."라고 말해봅니다. 이런 태도가 마음에 공간을 만들어내고, 그것이 팽팽한 사고 통제의 덫에서 벗어나는 데 도움이 될 수 있습니다.

4. 언어의 한계를 알기

언어가 애초에 발명된 것은 경험을 표현하고 남기기 위한 것이었습니다. 문제는 세상에 아무리 정교한 언어라 할지라도 '경험' 그 자체보다 풍부할 수는 없다는 것입니다. 예를 들어 우리는 때로 내담자로부터 '내 인생은 책으로 쓰면 100권을 써도 모자란다.'라는 표현을 듣습니다.

아무리 자세히 적는다 한들 한 사람이 겪은 수많은 생각과 감정, 기억 등 삶의 질곡을 모두 담아낼 수는 없기 때문에 당사자는 부족하다고 느낍니다. 말로는 다 표현할 수 없는 것이 경험입니다. 그렇기 때문에 경험을 표현한 '말'로 상대방이나 나의 모든

<연습 6> 말(생각)과 관계없이 행동을 선택해보기

자, 양손을 손등이 위로 가도록 책상 위에 올려놓습니다. 그리고 '왼손'이라고 말하며 오른손으로 가볍게 책상을 한 번 두드립니다. 다시 '왼손'이라고 말하며 오른손으로 두드립니다. 어떤가요? 말은 말대로, 행동은 행동대로 할 수 있나요? 그럼 다음으로 의자에서 일어나 양손바닥을 앞으로 향하게 한 후 벽 쪽으로 걸어갑니다. 걸어가며 작은 소리로 자신에게 이렇게 말합니다. '이 벽은 더럽다. 너무 더러워 만질 수가 없다' 그리고 실제로는 가볍게 양손바닥으로 벽을 만집니다. 살짝 손을 대고 있는 상태에서 어떤 경험을 하는지 잠시만 느껴보겠습니다. 순간적으로 벽이 어떻게 느껴지는지, 말 한마디로 이전에는 아무렇지 않게 손이 닿았던 벽이 순간적으로 다르게 느껴질 수도 있습니다. 그리고는 그런 모든 경험을 그대로 둔 채로 손을 가볍게 벽에 가져가 잠시 머무르다 뗍니다.

것을 다 안다고 생각할 수는 없겠지요.

언어는 이러한 상대적 빈약함과 더불어 또 다른 한계를 가지고 있는데, 그것은 말(생각)이 행동을 구속할 수는 없다는 점입니다. 즉 말이 무엇이라 이야기하든지, 행동은 행동대로 선택할 수 있습니다.

위의 연습을 해보세요.

이 짧은 연습에서 어떤 것들을 알아챘나요? 언어가 경험에 어떤 영향을 미칠 수 있는지 동시에 그럼에도 불구하고 행동은 여전히 말(생각)과 관계없이 우리가 선택할 수 있다는 것을 알 수 있습니다.

5. 생각을 바라보기(이선영, 한오성, 정은영, 2009 ; Hayes, 2011)

우리가 어떤 것을 관찰하게 되면 그 순간 관찰하고 있는 대상과 관찰하는 사람 사이에 '거리'가 생깁니다. 이것이 탈융합의 시작이 됩니다. 생각을 바라보는 방법, 즉 생각과 나 사이의 거리를 만드는 방법으로는 3가지가 있습니다.

우리가 생각과 융합되었을 때 생각과 나 사이의 공간을 만들기 위한 방법 중 첫 번째는 생각에 이름을 붙이는 것입니다. 대부분 우리가 융합되는 생각들은 오래되고 반복되어 온 생각이나 질문들입니다. '나는 부족해.' '나는 행복하지 않아.' '사람들은 모두 나를 싫어해.' '나는 게을러.' '나는 매력이 없어.' '세상은 승자만을 위한 것이야.' 등 익숙한 문장들입니다. 이런 생각이 옳고 그르고는 더이상 논쟁할 필요가 없습니다. 아마 수없이 많은 시간 동안 수없이 많은 자신만의 논쟁을 거쳐온 생각일 것이기 때문입니다.

그저 이런 생각이 떠오른 것을 알아채면 그 끝없는 논쟁의 블랙홀로 빠져들기 전에 이름표를 붙이는 것입니다. 자신만의 방식으로 '나의 오래된 블랙홀'도 괜찮고, 그저 번호를 붙여도 좋습니다. '생각 1호' '생각 2호' 등 다시 불현듯 생각 1호가 떠오르고 기분이 가라앉거나 불편해지는 것을 알아채면, '아! 생각 1호구나.' 하고 인사한 후 보내줍니다. 밤새 끈질기게 찾아오는 생각 1호, 생각 2호들이 있을 수도 있는데, 그렇게 되면 마치 양을 세듯 생각을 셉니다. 이 방법은 실제로 반추사고(rumination)로 불면증을 호소하는 내담자에게 효과적이기도 합니다.

두 번째 방법으로는 생각을 감각과 함께 느끼는 것입니다. 이 방법은 개인적으로 선호하는 방법 중 하나인데 약간의 훈련이 필요할 수 있습니다. 생각에 이름을 붙일 때, 그 생각이 떠오를 때 같이 느껴지는 신체 감각으로 이름을 붙이는 것입니다. 대개 우리가 빠져드는 생각은 생각이 떠오르면 기분이 가라앉거나 걱정스러워지거나 불안해지는 등 기분의 변화를 가져옵니다. 처음에 이런 기분의 변화는 신체 감각으로 느껴집니다. 가슴이 답답해지거나, 머리가 무거워지거나, 목이 뻐근해지는 등 이런 감각을 알아챈 이후 생각에 그 감각으로 이름을 붙이고, 느낌이 사라지는 것을 관찰합니다. 자, 생각은 끈질기게 버티지만 감각은 보다 쉽게 왔다가 사라집니다. 이 연습은 이후 수용의 과정을 연습할 때도 도움이 됩니다.

세 번째는 생각에게 나이를 물어보는 방법입니다. 재미있고 조금 우습나요? 사실 융합되는 생각들이 오래된 이야기라는 점이 융합의 큰 특징 중 하나입니다. 그래서 생각을 마주하면 마치 사람처럼 나이를 묻습니다. 아마 대부분의 생각이 오늘 태어난 생각은 아닐 것입니다. 그러니 계속 신경을 쓰며 먹이를 줄 필요는 없습니다. 자주 만났으니 긴 설명도 필요 없이 가볍게 인사하고 보내주면 됩니다.

6. 과정을 알아채기

자, 마지막이지만 가장 중요한 탈융합의 원칙은 과정을 알아채는 것입니다. 융합은 언어와 실제 경험을 분별하지 못하는 데서 오는 것이기 때문에 언어로 화석화된 것이 아니라, 실제 일어나고 있는 과정을 '경험'하고 알아채는 것이 필요합니다. 이때 마음챙김(mindfulness)의 과정이 도움이 되기도 합니다. '나는 패배자다.'라는 생각에 대해 논쟁하는 것이 아니라 실제 지금 일어나고 있는 모든 일들의 맥락을 알고, 내 안에서 일어나는 층층의 감정들이 어떻게 변해가는지를 알아채는 것. 그리고 그 처음에 있는 자신의 '의도'를 알아채는 것이 화석처럼 굳어가는 언어의 덫에서 발을 빼 실제 삶으로 돌아올 수 있는 방법이며, 변화가 일어나는 출발점입니다.

수용-전념 치료에서의 자기에 대한 인식 3가지

"사람이 온다는 건 실은 어마어마한 일이다.
그는 그의 과거와 현재와 그의 미래와 함께 오기 때문이다."
-정현종

앞의 탈융합에 대한 설명에서 살펴보았듯이 수용-전념 치료에서는 우리의 경험에 언어가 미치는 영향을 중요하게 보고 있습니다. 이는 자기에 대한 인식과정에서도 마찬가지로, 자신에 대한 언어적 진술과의 관계를 중심으로 인간에게는 자기에 대한 3가지 인식이 있다고 봅니다. 첫째는 언어적 지식의 산물인 '내용으로서의 자기'이며, 둘째는 언어적 지식이 축적되는 과정인 '과정으로서의 자기', 그리고 언어적 지식의 소재(locas)로서 초월적인 자기인 '맥락으로서의 자기'입니다.

수용-전념 치료에서의 자기에 대한 인식 ①

내용으로서의 자기(개념화된 자기)

내용으로서의 자기는 간단히 이야기하자면 '나에 대한 이야기'입니다. 이는 누군가 당신에게 "당신은 어떤 사람인가요?"라고 물으면 답할 수 있는 이야기들을 말합니다. 예를 들어 "나는 어린 시절을 어떻게 보냈으며, 이후 이렇게 살아왔고, 다른 것은 몰라도 성실한 사람입니다." 또는 "관대한 사람입니다." "다른 사람에게 욕먹지 않고 살아왔습니다." 등의 자기진술은 누구나 가지고 있으며, 이는 어린 시절부터 수많은 경험을 통해 덧씌워지고 정교해져 촘촘한 인지적 연결망으로 되어 있습니다. 이러한 자기진술은 다른 모든 언어적 진술과 마찬가지로 시간과 상황에도 변하지 않고 유지되는 특징을 가지고 있습니다.

"내가(네가) 그럴 줄 알았어." 등의 표현이나 "나는 네가 생각하는 그런 사람이 아니야."라는 표현을 듣거나 말하는 상황들을 떠올려보세요. 우리는 자기진술을 확인하는 방향으로 세상을 이해하고 구성합니다. 문제는 개인이 자신에 대한 이야기를 문자 그대로 언제나 현실이라고 믿을 때 일어납니다. 그렇게 되면 어떤 이야기든 이러한 이야기에 일관되는 방식으로 상황을 지각하고 이야기를 유지하거나 방어하게 됩니다. 그렇게 되면 우리는 실제 삶과 상황을 있는 그대로 인식하지 못하게 될 수 있습니다.

〈아프리카 1〉

〈아프리카 2〉

〈아프리카 3〉

이제 〈아프리카 1~3〉 사진들을 보겠습니다(Hayes, 2011). 여러분 모두 한번쯤은 텔레비전을 통해서 비슷한 다큐멘터리를 본 적이 있을 것입니다. 대중매체는 상황에 대한 몇몇 측면을 제한된 시간에 전달합니다. 먼저 〈아프리카 1〉 사진을 보겠습니다.

이번에는 같은 아프리카지만 다른 느낌의 〈아프리카 2〉를 보겠습니다. 마지막으로 〈아프리카 3〉 사진을 보세요. 이 사진은 〈아프리카 1〉 속에 있었을까요? 〈아프리카 2〉 속에 있었을까요?

마지막 사진은 〈아프리카 2〉 사진들에 있습니다. 〈아프리카 1〉을 보면서 여러분은 아프리카의 광대한 자연에 대한 이야기를 금방 알아챘을 것입니다. 〈아프리카 2〉를 볼 때는 전쟁이나 기아에 대한 아프리카 사진들을 통해 아마도 내전이나 전쟁과 같은 부정적인 이야기가 담긴 사진들이라고 생각했을 것입니다. 그래서 이러한 이야기 사이에 있는 마지막 〈아프리카 3〉을 봤을 때 아마도 전쟁을 준비하는 모습이라고 생각하며 넘겼을 것입니다. 자, 다시 한번 마지막 사진을 자세히 볼까요. 이제 사진 속의 사람들이 웃고 있는 미소가 보일 것입니다.

이처럼 이야기의 일관성을 유지하려는 경향성이 각각의 개별 상황을 있는 그대로 인식하는 데 방해가 됩니다. 우리 삶이나 우리를 둘러싼 경험들 또한 마찬가지입니다. 우리가 변화무쌍하게 변하는 자신을 있는 그대로 보는 것이 아니라 자기에 대한 이야기에 빠질 때, 그리고 그 이야기의 일관성을 유지하거나 방어하는 데 몰입하게 될 때, 앞에서 한 조각 사진의 미소를 놓쳤듯이, 삶의 구석구석에 숨겨져 있는 변화의 가능성 또한 놓칠 수 있습니다. 결국 우리에게는 어제도 중요하고 생각도 중요하지만 그보다 '삶'이 더 중요하지 않은가요?

삶의 모든 순간순간을 풍요롭게 '사는 것'이 중요하지, '처음 생각했던 대로 사는 것'이 삶의 목적은 아니기 때문입니다.

1. '자서전 다시 쓰기' 연습(박경, 이선영, 2013 ; Hayes, 2011)

당신에 대한 이야기는 당신 자신이 아닙니다. 내용으로서의 자기는 '언어적 진술'을 실제 '자기'와 혼동할 때 일어나므로, 언어와 실제 경험 간 융합에 대해서 할 수 있는 모든 ACT 기법들을 응용해 적용할 수 있습니다. 예를 들어 '자서전 다시 쓰기' 연습이 있습니다.

우리의 마음은 끊임없이 우리에게 이야기를 합니다. 대개 나에 대한 이야기는 사실을 어느 정도 담고 있지만, 사실 전부를 담고 있지는 않습니다. 과거를 회상할 때 우리는 '이야기'와 일치하는 장면들을 위주로 기억해내기 때문입니다. 하지만 실제 장면에는 분명히 이야기와는 관계없거나 또는 일치하지 않는 단서도 있었으며, 이야기에 포함되지 않은 내 삶의 또 다른 장면들이 언제나 있기 마련입니다.

'이야기는 당신 자신이 아닙니다, 당신은 당신에 대한 이야기보다 큽니다.'

2. '나는 흑일까요, 백일까요?' 연습(이선영, 2017a)

개인적으로 세미나나 워크숍에서 자주 사용하는 연습 중 하나입니다. '나는 흑일까요, 백일까요?' 연습을 같이 해보도록 하겠습니다. 연습을 마치고 말을 마음속에서 되새기면서 자신이 어떤 경험을 하는지 살펴보겠습니다. 호흡은 어떤가요? 자세는 어떤가요? 어깨가 조금 전에 비해 펴져 있나요? 시선은 어떤가요? 문장을 믿게 되면서 어떤 경험을 하게 되나요?

이제 질문을 하겠습니다.

<연습 7> 나는 흑일까요, 백일까요?

흰 종이 한 장을 준비합니다. 가로로 반을 접어 왼쪽 위에는 '흑'이라 적고, 오른쪽 위에는 '백'이라 적습니다. 먼저 '흑'이라 적은 부분에 펜을 두고, 자신이 작게 느껴질 때 자신에게 하는 말들을 떠올려봅니다. 예를 들면 '나는 게을러.' '나는 인색해.' '다른 사람들은 잘 모르는데, 사실 난 별로 똑똑하지 않아.' 등 여러 가지가 떠오를 수 있지만 우선 하나만 적어보겠습니다. 적었나요?

이제 천천히 자신이 적은 문장을 읽어보겠습니다. 마치 문장을 가슴에 새기듯 한 글자씩 읽을 때마다 그 말을 진심으로 믿어보도록 하겠습니다. 문장을 믿게 되면서 어떤 경험을 하게 되나요? 호흡이 짧아지거나 얕아지지는 않나요? 말을 되뇌면서 내 자세가 어떻게 바뀌는지도 느껴보겠습니다. 가슴은? 어깨는? 그리고 시선은 어떤가요?

자, 이렇게 '흑'에 있는 말을 되뇌다 보면 가슴 한구석에서 소리가 들립니다. '꼭 내가 그렇진 않은데….' 이제 '백' 쪽으로 갑니다.

'백'이라 적은 칸에 방금 전에 들렸던 나에 대한 이야기를 적습니다. 내가 괜찮게 느껴질 때 스스로에게 하는 말들로, 예를 들면 '나는 친절한 사람이야.' 또는 '나는 토익도 몇 점이고, ㅇㅇ시험은 한 번에 붙었어.'와 같이 자신이 괜찮게 느껴졌던 경험들을 적어도 좋습니다. 적고 나서는 마찬가지로 천천히 자신이 적은 문장을 읽어보겠습니다. 마치 문장을 가슴에 새기듯 한 글자씩 읽으며 믿어보겠습니다. '그래, 난 진짜 그렇지.' '맞아, 이게 나야.'라고 말하면서 잠시 머물러 보겠습니다(집단으로 진행하면 많은 분들이 '백'을 진행할 때는 다른 사람과 눈을 맞춥니다. '흑'에서와 달리).

"당신은 백인가요? 흑인가요?" 아마 '흑'에 더 가깝다고 생각될 수도 있고, '백'에 더 가깝다고 생각될 수도 있습니다. 그러면 이제 흑과 백을 적은 종이를 들어 팔을 뻗어보세요. 지금 흑과 백을 보고 있는 사람은 누구인가요? 흑도 백도 아닌 '당신'입니다.

흑과 백은 무엇이죠? 방금 전 당신이 만들어낸, 당신에 대한 생각들입니다. 이제 앞에 흑과 백이 적힌 종이를 어떻게 하고 싶은가요? 구겨서 버리고 싶은가요? 그럼 그렇게 하세요. 그리고 여전히 건재한 '당신 자신'을 느껴보시기 바랍니다. 지금 흑과 백에 적힌 글을 보고 있는 사람은 다른 누구도 아닌 당신입니다.

'나는 흑일까요, 백일까요?' 연습은 내가 많이 사용하는 탈융합 연습이자, 맥락으로서의 자기를 설명하는 연습이기도 합니다. 언제나 그렇듯 수용-전념 치료는 말로 설명하기보다는 실제 경험할 수 있는 '연습'을 선호합니다.

수용-전념 치료에서의 자기에 대한 인식 ②
과정으로서의 자기(알아채는 나)

수용-전념 치료에서의 또 다른 자기에 대한 인식 중 하나로는 '과정으로서의 자기'가 있습니다. 이는 '내용으로서의 자기'와 다르게 유동적이며, 현재 진행형입니다. '나는 _______ 느낀다.' '나는 _______ 생각을 한다.' '나는 _______ 기억한다.' '나는 _______ 본다.'와 같이 현재 이 순간에 대한 자각에 따른 자기입니다.

이런 과정으로서의 자기를 통해 지금 이 순간 우리의 현재 행동을 알아채고, 이를 통제하고 조정할 수 있습니다. 또 한편 과정으로서의 자기는 내용으로서의 자기를 형성하는 데 기반이 되기도 합니다. 예를 들면 '나는 지금 슬프다.' '나는 지금 잠이 오지 않는다.' '나는 짜증이 난다.'와 같은 과정으로서의 자기가 다양한 맥락에서 반복되면 '나는 우울한 사람이다.'와 같이 개념화된 내용으로서의 자기를 형성하게 됩니다.

재미있는 것은 반대로 '내용으로서의 자기'가 변화되는 것 또한 이러한 '과정으로서의 자기'를 통해서라는 점입니다. 즉 '나는 우울한 사람이다.'라는 내용으로서의 자기를 가지고 있으면, 우울함을 느끼는 시간 사이에 끼여 있는 다른 감정 경험들을 그때그때 알아채지 못하고, 그저 전체적으로 우울한 날들이라고 지각할 수 있습니다.

사실 아무리 우울한 사람이라 할지라도 24시간 매분 우울하지는 않습니다. 그저 자신이 그런 사람이라고 생각하게 되면, 생각과 다른 경험을 하게 되도 알아채지 못한 채 넘어갈 뿐이죠. 과정으로서의 자기는 현재 일어나고 있는 사적 경험과 공적 경험을 있는 그대로 알아채게 함으로써 내용으로서의 자기에서 벗어나게 도와줍니다. 그리고 이를 통해 변화의 계기 또한 찾을 수 있습니다. 사실 변화의 시작은 일상의 작은, 어쩌면 사소해 보이는 경험들 안에 있습니다.

그렇다면 과정으로서의 자기가 이토록 쉽게 위협받는 것은 왜 일까요? 우리 인간은 언어문화적인 사회에 의해 길러집니다. 자신의 생각이나 감정을 통제하는 것을 덕목으로 여기는 사회에서 자라나면서, 생각이나 감정을 표현하면 야단맞거나 무시당하거나 거부당하는 경험을 반복적으로 하게 될 때 과정으로서의 자기의 발달이 어려워집니다.

왜냐하면 실패나 이별 등 인생의 수많은 고통을 경험하는 것은 괴롭고, 그래서 이를 피하려 해보지만 앞에서 우리가 이야기를 나누었듯이 이러한 경험 자체를 피할 수는 없습니다(파괴적 정상성 가정). 경험 자체를 피할 수 없기에 우리는 불편한 경험을 할 때 이를 '느끼는 것' 자체를 피하려 하며, 이것이 또 다른 경험적 회피의 기능입니다.

1. 임상적 함의(Hayes, 2011 ; Luoma, Hayes, & Walser, 2007)

- 감정표현 불능증(alexithymia), 쾌락 불감증(anhedonia): 과정으로서의 자기가 부족하다는 것은, 순간의 생각과 감정, 기억을 관찰하고 표현하는 데 어려움을 느끼는, 자신이나 타인의 감정을 알아채지 못하는 감정표현 불능증 또는 즐거움이나 쾌감을 느끼지 못하는 쾌락 불감증 등의 증상과 관련됩니다.

- 지나친 염려나 반추(rumination): 개념화된 과거나 미래가 지배적으로 작용할 때 우리는 일어나지 않는 미래에 대한 지나친 생각으로 인해 염려에 빠지거나 개념화된 과거를 계속해서 되풀이해 생각하는, 즉 반추에 빠지는 양상을 보일 수 있습니다.
- 자기애성 성격장애를 비롯한 성격장애 및 우울, 불안: 과정으로서의 자기가 약하고 판단이나 평가가 지배적이게 되는 경우에 나타난다. 경험을 내용으로서의 자기와 과도하게 관련지어 지나치게 방어적인 모습을 보이는 자기애성 성격장애 양상도 이러한 경향성과 관련되며, 불편한 경험을 할 때 실제 그 순간의 경험에 대한 자각 없이 경험을 자기 자신의 실패나 결함으로 여기게 되면 우울, 불안 등의 양상을 보일 수 있다.

2. 관련 기법

- 현재 순간에 마음을 모을 수 있는 마음챙김 기법이라면 어떤 것도 과정으로서의 자기를 키우는 데 응용할 수 있습니다.
- 내적 감각, 외적 감각에 대한 알아채기 연습: 실제 내가 치료 장면에서, 특히 치료 회기 초반에 많이 사용하는 기법입니다. 순간순간 움직이는 주의를 알아채고, 그것을 지금 여기로 가져오는 데 도움이 될 뿐 아니라, 생각이나 감정을 알아

채는 데도 도움이 됩니다.

- 바디스캔: 변화되는 신체 감각에 주의를 기울임으로써 움직이고 변화하는 과정으로서의 자기를 키울 수 있습니다.
- 치료 회기중 감정 알아채기: 치료 장면에서 치료자와 내담자 모두는 자신의 이야기를 가지고 있습니다. 즉 치료자는 치료 계획을 가지고 있고, 내담자는 자신에 대한 이야기를 가지고 있습니다. 치료중 이야기에 쓸려가지 않고 현재 실제 일어나는 것을 알아차리고자 할 때, 감정으로 돌아가는 것이 도움이 됩니다.

수용-전념 치료에서의 자기에 대한 인식 ③

맥락으로서의 자기(초월적 자기)

지금까지 언어적 내용으로서의 자기와 언어적 지식을 형성하는 과정으로서의 자기에 대해서 알아보았습니다. 마지막으로 수용-전념 치료에서의 자기 중 치료적 과정으로 활용되는 '맥락으로서의 자기'에 대해 알아보겠습니다. '맥락으로서의 자기'는 과정 모두를 바라보는 '맥락'으로 경험되는 자기로, 하나의 대상으로 지각되지는 않습니다. 맥락 또한 하나가 아니며, 시간과 공간 그리고 발달단계 등 다양한 맥락 중 당신이 선택할 수 있습니다.

'맥락으로서의 자기'가 나타났는지는 맥락이 바뀌면서 달라지는 감정과 감각 등을 통해 확인할 수 있습니다. 실제 치료 회기 내에서 이 과정은 상당히 빈번히 사용되며, 때로 강한 감정반응을 불러일으키기도 합니다. 특히 '자기'와 관련된 심리적 문제(나르시시즘이나 우울 또는 수치심)를 가지고 있는 경우 더욱 그렇습니다.

실제 ACT 세미나에서 이와 관련된 연습(exercise)을 하던 중, 어떤 경우 참가자들은 눈물을 보이기도 하고, 심하게 화가 나 어쩔 줄 몰라 하기도 합니다. 심지어 스스로 수용-전념 치료를 알고 있다고 생각하는 사람의 경우에도 그렇습니다. '알고 있다고 생각하는 것'과 실제 '경험하는 것'은 다르기 때문입니다.

한편으로는 이렇게 강한 감정을 경험할 수 있다는 것이 '맥락으로서의 자기'의 강점이며, 치료 과정으로서 그것이 유용한 이유이기도 합니다. 보통의 경우 피하거나 묻어두었던 불편한 생각이나 감정, 기억은 때로 한 사람 안에 너무 깊이 있어, 마치 그 생각이나 감정, 기억이 그 자신의 전부인 것처럼 느껴지기도 합니다. 특히 그 경험이 '나였으면 하는 나', 즉 '내용으로서의 자기'에 위협이 될 때 그러하며, 이때는 경험회피로 인해 '과정으로서의 자기' 또한 나타나기가 어려워집니다.

마치 작은 배가 지금의 파도(생각이나 감정 또는 기억 등)를 넘는 모습을 다리 위에서 본다고 상상해보겠습니다. 특히 그 배가 닻을 부두와 지나온 모든 파도를 동시에 보면서 그 다리 위에 있다면 작은 배 안에서 파도를 볼 때와는 다르게 느껴질 것입니다. 이때 다리에서 보는 시각이 '맥락으로서의 자기'입니다. 이처럼 '맥락으로서의 자기'는 불편한 생각, 감정, 기억 등에 위협을 적게 받으며, 그렇기에 치료 회기 내에서 내담자의 불편한 감정을 다루거나 스스로 불편한 경험을 다루고자 할 때 이에 기댈 수 있습니다.

1. 관련 기법

- 앞의 '과정으로서의 자기'에 도움이 되었던 현재 순간을 알아채는 모든 연습, 그리고 동시에 이 모든 것을 알아채는 것이 누구인지 스스로에게 묻는 것입니다.
- 맥락 전환 연습: 아래의 연습을 해보겠습니다.

〈연습 8〉 미래로부터 온 편지

지금의 시간이 지나고, 20년이 흐른 후 당신은 어떤 사람이 되어 있고 싶은가요? 눈을 감고 당신이 생각하는 그런 어른, 중년, 노인이 되어 있다고 상상합니다. 가능하면 얼굴, 옷 등 구체적으로 떠올리면 좋습니다. 그런 사람이라면 지금의 나, 때로 불편하고, 힘든 시간을 보내는 나에게 어떤 이야기를 해줄 수 있을까요? 미래의 내가 되어 지금의 나에게 편지를 써보세요.

〈연습 9〉 관찰자로서의 자기

자, 편안한 자세로 앉아보겠습니다. 특별히 정해진 자세가 있는 것은 아니지만 그저 내 숨이 편안히 들어와 나갈 수 있도록 해줍니다. 되도록 허리를 펴고 어깨를 가볍게 내려놓으면 도움이 됩니다.
이제 방 안의 소리를 들어보겠습니다. 어디서 나는 소리인지 또는 소리가 좋다, 나쁘다라고 이야기를 하기보다는 그저 내가 모르는 먼 나라 북소리를 듣듯이 그렇게 듣겠습니다(잠시 머뭅니다).
이제 방 안의 온도를 느껴보겠습니다. 공기가 닿는 어깨, 얼굴, 무릎, 발에 따라 조금씩 다르게 느껴질 수 있습니다. 각각 다른 온도를 함께 느껴보겠습니다(잠시 머뭅니다).
이제 조금 안으로 들어가보겠습니다. 먼저 발바닥과 닿은 지면의 감촉을 느껴보겠습니다. 살짝 발을 굴러도 좋습니다. 잠시만 호흡에 마음을 모으겠습니다. 숨이 들어가고 나가는 큰 공간을 느끼며, 잠시 머무르겠습니다. 이제 방금 전 소리를 듣듯이, 그렇게 내 마음 안에서 이야기가 들리면 '생각이구나.'라고 생각하고는, 역시 모르는 먼 나라 북소리나 외국어를 듣듯이 그렇게 들어봅니다.
이제 방 안의 온도를 느꼈듯이, 내 마음의 공간에 '온도'를 느껴보겠습니다. 때로 열감이 느껴지기도 하고, 때로 가슴이 답답해지기도 합니다. 때로는 산들바람 같기도 하고, 때로는 안개가 짙게 낀 것처럼 묵직하기도 합니다. 무엇이든 다 괜찮습니다. 이것은 그저 '오늘'의 온도입니다. 조금 전 방 안의 온도처럼 단지 알아채면 '감정이구나.'라고 이름을 붙여줍니다.
자, 이렇게 호흡이 오고 가는 공간에 일어나는 것들을 있는 그대로 알아챕니다. 알아채면 '생각'이나 '감정', 또는 '기억'이라고 이름만 붙여줍니다. 연습을 하는 도중 아득해지며 생각에 빠져들면 다시 발을 구릅니다. 지금, 여기에 당신이 있습니다. 당신 안에서 오늘 일어나는 모든 것을 너그러이 보면서 잠시 머뭅니다.

• 관찰자 연습: 〈연습 9〉는 제가 고안해 실제 회기중에 사용하는 '관찰자로서의 자기'를 경험할 수 있는 연습입니다. 지시문을 읽으며 녹음한 이후, 이를 들으며 연습해보세요.
• 비유들: 맥락으로서의 자기의 이해를 도울 수 있는 비유로는 앞에서 이야기한 파도와 바다의 비유, 하늘과 날씨의 비유, 체스판의 비유 등이 있습니다(Hayes, 2012 ; 이선영, 한오성, 정은영, 2009). 지금쯤이면 아마 여러분도 눈치챘듯이, 파도와 하늘이 그때 그때 '과정으로서의 자기'라면 바다와 날씨는 '맥락으로서의 자기'와 같습니다. 체스판의 비유는 생각을 맥락으로 바라볼 때 더 많이 사용되는 비유로, 체스판의 승리는 매일 달라지고 말들도 달라질 수 있지만, 어떤 팀이 이기든 경기가 끝나고 말을 치워도 체스판은 그 자리에 그대로 있다는 것입니다. 마찬가지로 때로 당신 안에 어떤 생각이 떠올라 그 생각에 휘둘릴 때도 있지만 그 생각과 관계없이 언제나 당신은 그 자리에 의연히 있습니다.

2. 임상적 함의(Hayes, 2011 ; Luoma, Hayes, & Walser, 2007)

• 불안정한 자기: '맥락으로서의 자기'는 삶의 굴곡을 경험할 때 실패나 좌절 경험을 있는 그대로 받아들이는 동시에 더 큰 맥락에서의 자신 또한 잊지 않게 도와줍니다. '맥락으로서의 자기'가 발달하지 않으면 그때그때의 좌절이나 성공에

지나치게 일희일비하거나 불안정한 양상을 보일 수 있으며, 때로 해리(dissociative) 문제 또한 보일 수 있습니다.

- 타인에 대한 낙인찍기 또는 객체화: 자신을 평가하거나 판단하는 방식으로 타인을 그 평가나 판단의 기준으로만 볼 때 낙인찍기가 나타나며, 특히 한 사람으로서 타인이 아니라 타인을 그저 자신에 대한 평가를 내리는 대상, 즉 자신을 인정하거나 인정하지 않는 '대상'으로만 보는 '객체화' 또한 보일 수 있습니다.
- 공감 및 자기-자비의 부족(이선영, 2014b): 자기-자비는 '맥락으로서의 자기'를 플랫폼으로 나타납니다. 자신의 결함이나 부족함을 따뜻하게 보는 자기-자비는 자신의 결함이 자신의 일부이나 전부가 아니라는 것을 아는 '맥락으로서의 자기'가 있을 때 가능하기 때문입니다.
- 친밀함 및 타인과의 연결의 어려움: 앞에서 설명했듯이 '맥락으로서의 자기'가 부족하면 타인을 자신에 대한 평가를 내리는 '대상'으로만 보게 되며, 타인의 입장이나 맥락을 이해하는 데 어려움을 겪습니다. 이에 대인관계시 눈치를 많이 살피고, 신경은 많이 쓰지만 연결감을 느끼기가 어려워지면서 고독감을 쉽게 느낄 수 있습니다.

변화는 지금, 이 순간에서만 가능하다: 현재 순간에 접촉하기

"과거와 미래는 진정한 환상이다. 과거와 미래는 현재에 존재하며,
현재 이 순간만이 과거와 미래 모두가 존재하는 유일한 순간이다."

– 앨런 와츠(Alan Watts)

현재 우리 피부 안에서나 밖에서 일어나는 것들에 자발적으로 집중하고, 유연하게 마음을 모으는 것을 수용-전념 치료에서는 현재 순간에 접촉한다고 합니다. 이러한 현재 순간에 접촉하기는 '중심잡기' 과정의 일부이기도 합니다.

사실 행동주의 맥락에서 수용-전념 치료 이전의 인지행동 치료 또한 정신분석적 접근과 달리 현재 중심적인 원칙을 가지고 있었는데, 수용-전념 치료는 과거, 현재, 미래로 나눈 상대적 개념으로 현재라는 비교적 넓은 시간대가 아니라 현재, 바로 지금을 이야기하고 있습니다. 이는 '현재'보다 유동적이며 순간의 감각적 경험을 동반한 개념입니다.

혼동하지 말아야 할 것은 수용-전념 치료가 내담자의 과거를 중요하지 않게 생각하거나 다루지 않는다는 뜻이 아니라는 점입니다. 오히려 수용-전념 치료에서는 때로 내담자의 과거를 현재 이 순간에 맥락적 시각을 가지고 다시 경험합니다. 또한 치료자는 지금 이 순간 내 앞에 있는 내담자를 볼 때, 지금 이 순간의 내담자뿐만 아니라, 수많은 과거의 경험과 미래에 대한 두려움 또한 함께 올 수 있다는 것을 맥락적으로 알아야 한다고 말합니다.

여기서 요점은 과거나 미래 모두가 '현재' 지금 순간에서만 경험될 수 있다는 사실입니다. 누군가의 10살 때는 우리가 타임머신을 타고 다시 그 시절로 돌아가지 않는 한 오늘 지금 이 순간 떠오른 그때의 장면, 감정으로만 경험할 수 있습니다. 또한 이러한 기억은 우리 스스로 이제는 다 잊었다 생각했을 때조차 예고없이 찾아오고, 감정 또한 그렇습니다. 우리는 과거의 기억이 우리를 찾아오는 것을 통제할 수 없습니다. 단지 그러한 기억이 우리를 찾아올 때 그 기억과 어떻게 관계를 맺느냐는 선택할 수 있습니다. 그리고 그 선택의 기회는 지금, 이 순간에 있습니다.

현재 순간에 접촉하도록 하는 수용-전념 치료의 과정은 이처럼 피부 안의 사적 사건을 다룰 때뿐만 아니라, 피부 밖의 세상을 대할 때 또한 마찬가지입니다. 6개월 후에 볼 시험에 붙을 수 있을지 걱정이 되고, 걱정을 하다 보니 마치 이미 떨어진 것처럼 느껴져 아무것도 못하고 있다면 어떻게 해야 할까요? 걱정하지 말라고 붙을 것이라고 응원의 말을 들어도 잠시 후면 또 걱정이 됩니다. 사실 우리는 6개월 후에 어떤 일이 벌어질지 모르고, 최선은 다할 수 있지만 결과를 통제할 수는 없습니다. 그럼에도 불구하고 우리는 여전히 그러한 모험을 원할 때가 있습니다. 그것이 다음에 이야기할 '가치'와 관계될 때 특히 그렇죠.

우리가 6개월 후 '미래'를 통제할 수는 없지만, 지금 이 순간이 모험의 여정에 머무를지 결정할 수는 있습니다. 그리고 그 길에서 '변화'는 '지금' 이 순간 작은 일일지라도 할 수 있는 일을 하는 데서 시작됩니다.

관련 기법: 마음챙김과 신체 감각에 주의집중하기

- 매 회기 시작에 앞에서 소개한 '마음 바라보기'를 비롯한 마음챙김 연습을 하는 것이 분주한 마음을 지금, 여기로 가져오는 데 도움이 됩니다.
- 회기 진행중 자주 사용하는 방법으로는 마음이 과거에 일어난 일이나 미래에 대한 염려로 가득찰 때, 바로 그 순간 내

담자가 여러 신체 감각(감정과 관련된 신체 감각 포함)에 주의를 집중하도록 하는 것입니다. 그 순간 과거와 미래로 떠돌던 마음을 지금 이 순간에 닻을 내릴 수 있습니다. 실제로 치료자가 내담자를 보면서 필요할 때 필요한 만큼 시행할 수 있습니다(이선영, 김원, 2008 ; 이선영, 2011b ; Hayes, 2011).

삶은 목적지가 아니라 여정 그 자체: 가치와 전념

"행복과 마찬가지로 성공 또한 쫓는 것이 아니라, 자기 자신을 넘어선 큰 뜻을 위해 헌신하는 과정에서 의도치 않게 따라오는 것이다."
-빅터 프랭클(Viktor Frankl)

ACT의 치료 과정, 그 중 세상과 '관여하기'에 해당하는 과정에 대해 알아보겠습니다. 사실 현재 우리나라에서는 수용-전념 치료 중 피부 안의 사건에 대한 '수용' 부분에 많은 관심이 집중되어 있지만, 실제 상담 장면에서는 '가치'를 포함한 세상과 관여하는 과정 또한 상당히 중요하고 또 어렵습니다.

가치란 당신이 추구하는 삶의 방향으로 당신 삶에서 중요하다고 생각하는 행동의 '질(quality)'입니다. 이 점이 목표와는 다른 점입니다. 가치의 방향에서 우리는 그때그때 완수할 수 있는 목표를 정할 수 있습니다. 예를 들어 따뜻한 심리치료자가 되는 것이 가치일 때, 그 길에서 학교를 입학하는 것, 졸업하는 것, 자격증을 따는 것 등은 완수할 수 있는 목표지만, '가치' 자체는 완수할 수 있는 것이 아닙니다.

가치란 마치 밤바다에서 배를 저어갈 때 바라보는 등대와도 같습니다. 우리의 삶이란 밤바다처럼 한치 앞을 내다볼 수 없는 모호함의 연속입니다. 이런 밤바다에서 내 배를 저어갈 때 방향을 안내하는 등대, 이것이 가치입니다. 여기서 '나의 배'라는 표현처럼 가치는 완벽하게 자신만의 것입니다.

사회적으로 요구되거나 옳고 그른 것과 관계없이 한 번뿐인 자신의 삶에서 매 순간 행동을 어떠한 방향으로 하고자 하는지는 온전한 자신만의 선택입니다. 이러한 가치의 특징을 조금 더 살펴보겠습니다(이선영, 한오성, 정은영, 2009).

첫째, 감정이나 이유는 수용-전념 치료에서 이야기하는 가치가 아닙니다. 감정이 중요하지 않다는 것이 아닙니다. 감정을 포함한 순간의 경험은 모두 중요합니다. 단지 감정이란 본질적으로 왔다가 사라집니다. 그것이 긍정적인 감정이든 부정적인 감정이든 마찬가지입니다. 만약에 등대가 감정처럼 왔다가 사라진다면, 내 배는 길을 잃게 되거나 그때그때 움직이다 암초에 걸릴 수도 있을 것입니다. 이런 이유로 '불안하고 싶지 않다.' '행복한 기분을 느끼고 싶다.'와 같은 감정 상태는 가치가 될 수 없습니다.

가치는 감정과 관련된 것은 아니지만 보통 가치에 일치하는 방식으로 하루를 보낸 후에 느끼는 감정은 'bittersweetness', 즉 달콤쌉싸름한 기분 또는 기분 좋은 노곤함 정도로 표현할 수 있을 것 같습니다.

둘째, 가치는 타인의 인정과는 관계가 없습니다. 앞서 언급했듯이 가치는 사회적으로 조건화된 것이 아닌 온전한 개인의 선택입니다. 하지만 사회문화적으로 오랜 시간 조건화된 가치를 진정한 개인의 가치와 구별하는 것이 언제나 쉽지는 않습니다. 내가 지금 중요히 생각하는 가치가 사회적으로 조건화된 것이 아니라 온전히 나의 선택이라는 것을 어떻게 알 수 있을까요?

지금 상황에서 행동을 선택할 때, 그 선택에 대해 다른 사람들이 알아주지 않아도 인정하지 않아도 기꺼이 그렇게 할 것인지 스스로에게 묻는 것이 도움이 됩니다. 타인의 인정을 받으면 당연히 기분이 좋지만 인정을 받지 못한다고 해서 포기할 수는 없는 것, 다른 사람의 눈치를 살피지 않고 온전히 내가 선택한 것, 그것이 자신의 가치입니다.

왜냐하면 가치란 내 배를 어디로 저어갈지에 대한 온전한 나의 선택으로, 다른 사람의 인정으로 가치를 정하는 것은 내 배의 노를 다른 사람 손에 맡기는 것과 같기 때문입니다. 열심히 파도를 피하고 뱃멀미를 느끼는 건 같지만 배를 저어가는 다른 사람의 눈치를 살피게 되면 자신의 배는 없습니다.

가치가 온전히 주관적이라는 말이 이기적라는 뜻은 아닙니다. ACT의 세계관은 앞의 장에서도 언급했듯이 우리 모두가 서로 연결되어 있다고 봅니다. 단지 가치란 지금 이 순간의 행동을 선택하는 방향인데, 자신이 선택할 수 있는 것은 타인의 행동이 아닌 자신의 행동뿐이기 때문입니다.

스스로의 선택을 믿고 응원할 수는 있지만 세상 사람들이 나한테 그렇게 하도록 통제할 수 있는 방법은 없습니다. 흔히 상담을 하다 보면 다른 사람의 기분을 잘 맞추고 충분히 노력하면 다른 사람에게서 인정을 받을 수 있다고 생각하는 내담자들을 많이 만납니다. "내가 시험에 붙으면 인정받을 거야." 또는 "내가 어떻게 했는데, 나를 무시할 수 있나."와 같은 말들로 표현되기도 하죠.

사실 잠시만 멈춰서 생각해보면, 우리 자신이 타인을 좋아할 때 또는 인정할 때 특별히 이유가 있어서 그런 게 아니란 것을 알게 될 것입니다. 한 사람을 좋아할 때, 그 사람에 대한 모든 측면을 알고 완벽히 객관적으로 평가해서 인정하거나 좋아하는 것도 아닙니다. 이렇게 내가 누군가를 좋아하거나 인정하는 것도 마음대로 되지 않듯이, 다른 사람 또한 인정할 만한 이유가 있다고 언제나 나를 인정하는 것은 아닙니다.

셋째, 수용-전념 치료에서의 가치는 직업, 가족, 지역사회, 건강 등 삶의 다양한 영역에서의 자신의 행동의 방향을 나타냅니다. 가치영역 기록지를 참고하시기 바랍니다(이선영, 한호성, 정은영, 2009). 이러한 영역은 대인관계와 관련된 가치영역 역시 포함합니다. 이때의 가치는 다른 사람이 알아줘서 그렇게 하는 것이 아니라 내가 가족 또는 친구와의 관계에서 (a) '○○한 친구, ○○하는 아빠, ○○하는 엄마'가 되기로 선택했기 때문에 그러합니다. 이때의 가치로서 (a)는 성취되거나 완수되어 '내가 ________한 사람'이 되는 것이 아니라, 매 순간 선택을 통한 '행동'으로 계속됩니다.

넷째, 가치는 불편한 감정의 수용 및 탈융합 과정의 의미를 일깨워줍니다. 수용-전념 치료의 역설적인 특징이 드러나는 부분 중 하나로, 불편한 감정이 일어날 때 바로 그 상황이 여러분의 '가치'가 가장 분명히 드러나는 순간이 될 수 있습니다.

이후 관련 기법(가치 이름표)에 소개할 연습을 실제로 해보면서 더욱 명료히 알 수 있겠지만, 우리가 불안이나 좌절을 느끼는 순간은 우리가 무엇인가 새로운 일을 시작했을 때, 불확실한 일을 도전하고 있을 때입니다.

만약에 우리가 아무것도 시도하지 않고 나만의 버블에 안전하게 있었다면 불편한 감정을 느낄 일도 없었을 것입니다. 다시 말해 우리가 불안이나 걱정 또는 좌절을 경험하고 있다는 것은, 역설적으로 우리가 원하는 그곳을 향한 여정에 아직도 머무르고 있다는 신호가 됩니다.

관련 기법:

버스운전사의 비유와 가치 이름표

〈연습 10〉 버스운전사의 비유

가장 많이 사용되는 비유 중 하나는 '버스운전사의 비유'입니다. 여러분이 버스를 운전하는 사람이라고 상상해보겠습니다. 여러 명의 승객을 태우고 목적지를 향해서 운전을 시작했습니다. 승객 중에 어떤 사람들은 소란을 떨기도 하고, 때로 여러분이 하는 운전에 대해 '이렇게 하면 되나, 저렇게 해야지.'라고 간섭합니다.

어떻게 하면 좋을까요? 버스를 멈출까요? 승객이 하자는 대로 운전할까요? 승객이 목적지와 전혀 상관없는 곳을 이야기하면 어떻게 해야 할까요?

아마도 여러분은 승객의 소란을 들으면서도, 또 간섭을 받으면서도 자신이 가고자 했던 목적지로 운전해 갈 것입니다. 결국 운전대를 잡은 사람은 여러분 자신이기 때문입니다. 여기서 목적지가 가치라면, 승객은 여러분의 여정에 함께하는 생각 또는 감정입니다.

때로 당황스럽고, 화가 나고, 짜증이 날 수도 있습니다. 때로 이런저런 생각이 들 수도 있지만 결국 운전대는 여러분이 잡고 있으며, 어디로 갈 것인지는 여러분 자신이 선택합니다. 이것이

<연습 11> 가치 이름표

작은 이름표나 동전을 준비합니다.
이름표 앞면에 자신이 원하는 삶이나, 중요하게 생각하는 가치를 적습니다(앞의 장에서 진행한 자기 평가 페이지 참조).
뒷면으로 넘긴 후, 이번에는 앞에서 적은 자신의 가치대로 살려고 노력했던 과정에서 마음대로 되지 않았던 상황을 떠올려봅니다.
그때 경험했던 감정이나, 머리를 스치던 생각을 적습니다. 그리고 잠시 머무르며, 그때의 감정을 느껴봅니다.
이제 그 종이를 어떻게 하고 싶나요? 멀리 치워버릴까요? 종이를 멀리 밀어보세요. 자, 지금 여러분의 가치는 어디 있나요?
그렇습니다. 여러분의 불편한 감정을 멀리할수록 여러분의 가치 또한 멀어집니다. 애초에 그 감정을 경험하게 된 것이 여러분이 가치로 향한 길 위에 들어섰기 때문입니다.

가치의 특징입니다.

불편함을 밀어낼 수만은 없습니다. 이제 어떻게 해야 할까요? 다음 장에서 이를 알아보도록 하겠습니다. 다음 장은 '수용'에 대한 부분입니다.

감정은 내 삶의 여정을 함께하는 승객: 수용

인간이란 존재는 여관과 같습니다.
매일 아침 새 손님이 찾아옵니다.
기쁨, 우울, 비열 때로 순간의 깨달음이 찾아오기도 합니다.
기대하지 않았던 손님 모두를 환영하고 접대하십시오.

- 잘랄루딘 루미(Jalaluddin Rumi), '여관'

감정 경험의 의미

앞에서 우리는 불편감을 밀어내면 가치 또한 멀어진다는 것을 알았습니다. 그렇다면 이제 우리가 선택할 수 있는 것은 무엇일까요?

ACT는 이에 대한 대안으로 '수용'을 제안합니다. 수용이란 사적 경험에 대해 회피하거나 통제하려는 시도를 하지 않고 충분히, 그리고 방어하지 않은 채 있는 그대로의 사건을 기꺼이 경험하는 것이라 말할 수 있겠습니다(이선영, 2010 ; 이선영, 2012).

인간은 끊임없이 정서조절에 몰두해왔으며, 지금까지의 정서조절 방식은 정서반응을 유발한 사건에 대한 인지적 재구성 또는 상황에 대한 주의 선택 등 선행사건-초점화된 반응 혹은 감정표현을 조절하는 정서조절 전략 등의 반응-에 초점화된 전략들로 이루어져 있습니다. 이는 우리에게 익숙한 방법들, 예를 들어 불편한 감정을 경험하는 상황에 대한 나의 해석을 바꾸거나 감정을 표현하는 방법을 바꾸는 것 등이 포함됩니다(이선영, 2010). 이처럼 지금까지의 방식은 주로 상황에 대한 나의 해석(생각)을 바꾸고, 이를 통해 감정을 변화시키고자 하는 전략들이었습니다. 이들 중 어떤 것은 적어도 단기적으로는 효과가 있는 것처럼 느껴지기도 합니다. 그래서 더 열심히 바꾸려 노력하도록 스스로를 채찍질하기도 했죠.

이 시점에서 이러한 모든 노력의 바탕에 있는 가정에 대해 중요한 질문을 할 필요가 있습니다. 이토록 변화시키고 없애려 하는 노력의 바탕에는 중요한 가정, 즉 불편한 감정을 경험하는 것이 '문제'라는 가정이 있기 때문입니다. 그런데 정말 그럴까요?

이 질문은 생각보다 중요합니다. 왜냐하면 불편한 감정이 '문제'라고 생각하고 있다면 때로 정서조절에 성공할 때조차 조절하는 대상-불편한 감정-이 문제라는 점은 남아있기 때문입니다.

지금은 아니어도 앞으로 이를 경험할까 두려워하게 되며, 그러한 경험을 회피하고자 움츠러들기 때문입니다. 앞에서 수용-전념 치료의 과정을 설명하면서 수용과 탈융합의 과정이 'open'의 단계임을 이야기했던 것을 기억하는 것이 도움이 됩니다.

우리 인간은 생존과 적응에 유리한 방식으로 발전하고 진화해 왔습니다. 신체적으로 또 기능적으로 오랜 세대를 거쳐 생존에 유리하게 변화되어 왔습니다. 그렇다면 그토록 오랫동안 인류가 다양한 방법을 통해 바꾸려, 없애려 노력해왔음에도 불구하고 우리가 여전히 불안과 좌절 또는 무력감 등의 불편한 감정을 한치도 변함없이 경험하는 이유는 무엇일까요?

나는 수업에서 학생들에게 위의 질문을 종종 던집니다. 대답은 다음과 같습니다. '감정을 통해 나를 표현하기 위해서.' '다른 사람들을 이해하기 위해서.' '행동하게 하기 위해서.' 등입니다. 정리하자면 감정을 표현함으로써 서로 간의 이해가 깊어지고 연결감을 느낍니다. 현재 상황에 대한 분노는 변화를 이끌어내는 행동을 하게 하기도 합니다. 그리고 불안은 만에 하나 있을 수 있는 위험으로부터 우리를 지키는 행동을 하도록 합니다. 마지막으로 우리가 좌절, 무기력, 불안 등의 감정을 계속해서 느끼는 것은, 진화론적으로 이러한 과정을 통해 타인의 감정 경험을 알아볼 수 있게 되었기 때문이며, 무엇보다도 이렇게 감정적으로 경험할 때 우리는 그저 머리로 이해할 때에 비해 타인의 고통에 더욱 민감해지고, 이러한 고통에 빠진 타인을 위해 능동적으로 '행동'할 수 있기 때문입니다.

이처럼 감정 경험은 단지 한 개인의 적응뿐 아니라 인류로서 '우리'가 생존하는 데 필수적인 경험이며, 없앨 필요도 또 없애거나 줄일 수도 없습니다. 그런데 이 모든 것을 알고 받아들이려 해도 여전히 이를 실제 경험하는 순간은 불편하고 때로 고통스럽습니다. 이제 실제 어떻게 이를 이전의 방식과는 다르게 경험하는지를 연습할 필요가 있습니다.

이렇게 원치 않은 순간에 불편한 경험을 하게 되면 우리는 마치 병원에서 주사를 맞는 순간 주삿바늘로부터 고개가 돌아가듯이 반사적으로 고개를 돌리게 됩니다. 수용-전념 치료는 불편한 경험을 하는 순간에 반사적인 행동에서 벗어나 보다 반응적인 행동을 선택하기를 연습하도록 요구합니다. 그것이 바로 수용입니다.

그동안 수용-전념 치료를 가르치다 보면 많은 사람들이 ACT에서의 수용이 이전의 여러 치료에서의 '수용'의 개념과 같은 것인지 궁금해하고는 했습니다. 늘 이야기하지만 수용이라는 말이 ACT에서 처음 쓰인 것은 아닙니다. 내담자 중심치료를 비롯해 여러 치료에서 수용을 이야기해왔죠. 이것이 '말'이 가지는 함정입니다. 우리가 '수용'이라는 말을 알기 때문에 ACT에서의 수용 또한 우리가 이미 알고 있는 개념과 같은 것일 거라 쉽게 판단하게 되죠. 경험만이 이러한 판단에서 벗어나 실제를 알게 도와줍니다.

ACT의 모든 치료 과정이 그러하지만, 특히 수용은 경험적으로 학습되는 과정으로, 흔히 오해하듯 자질이나 성격이 아닙니다.

ACT에서의 수용은 '수용행동'이라고 합니다. 왜 그럴까요? 실제 ACT를 내담자로서 경험해보면 알게 되지만, ACT에서의 수용은 처음부터 끝까지 행동입니다. 그렇기 때문에 모든 행동이 그러하듯 행동의 'sequence'가 있고, 한번 두번 반복을 통해서 학습됩니다. 또 모든 학습된 행동이 그러하듯이 오랜 시간 동안 연습하지 않으면 소거됩니다.

가슴 아프고 떨리는 순간, 태풍의 눈을 향해 처음부터 끝까지 걸어나오는 한번의 경험, 이것이 '수용행동'의 시작입니다. 지금까지 해온 감정과의 싸움을 내려놓고, 이제 나의 일부인 불편한 감정과 새롭게 사귀어볼 준비가 되었나요?

아래 4가지 질문에 대답해봅시다(Hayes, 2011).

(1) 당신은 이미 당신의 일부로 가지고 있는 것을 기꺼이 받아들일 수 있나요?

수용이 문제가 되는 상황은 아마도 기쁨, 즐거움 등 긍정적인 감정을 경험하는 순간은 아닐 것입니다. 대개는 두려움, 분노 또는 끝도 없이 가라앉는 듯한 무력감이나 좌절감 등 부정적인 감정을 경험할 때, 바로 그 순간이 수용이 문제가 되는 순간일 것입

두 팔을 벌려 경험을 감싸안는 심리적인 자세가 수용이다.

니다. 수용은 그 순간 경험으로부터 도망가거나 움츠려드는 것이 아니라 기꺼이 두 팔을 앞으로 뻗어 이를 끌어안는 것으로, 실은 상당히 능동적이고 적극적인 행동입니다.

앞의 사진처럼 바닷가를 걸으며 파도를 바라보는 장면을 상상해보세요. 파도가 다가오는 그 순간에 두 팔을 뒤로 젖혀 바다를 향해 당당히 서 있는 자신의 모습을 상상해보세요. 다가오는 물결을 포함해 그 순간의 모든 경험을 감싸안을 때의 심리적인 자세를 기억하세요. 이것이 수용이 일어나는 순간에 우리가 가지는 태도입니다.

앞에서 우리는 이러한 부정적인 감정 또한 긍정적인 감정과 마찬가지로 인간공통의 경험이며, 이러한 감정이 우리가 인간으로서 생존하고 적응하는 데 필수적인 경험이란 것을 알았습니다.

자, 이제 그저 인간으로서 이 모든 감정을 경험하는 순간, 그 경험을 있는 그대로, 다른 것으로 바꾸거나 줄이려 하지 않고 기꺼이 온전하게 받아들일 수 있겠나요?

(2) 그것을 원하거나 좋아해서가 아니라 불필요한 고통으로부터 벗어나기 위해 지금의 불편함과 함께할 수 있겠나요?

1장에서 이야기했듯이 수용-전념 치료는 맥락에 대한 분별을 그 바탕으로 하고 있습니다. 우리는 동시에 피부 밖의 세상과 피부 안의 세상이라는 2개의 맥락을 살아가고 있으며, 이 2가지 맥락의 세상에서는 서로 다른 규칙이 적용됩니다. 피부 밖의 세상에서는 문제해결을 원할 때 통제 중심적인 방법이 효과적일 수 있습니다. 예를 들어 여러분 방의 벽지가 마음에 들지 않을 때, 이러한 '문제'를 해결하기 위한 방법을 떠올릴 수 있으며, 벽지를 고르고, 기존의 벽지를 뜯고, 붙이는 등 해결을 위한 단계들을 통해 이를 해결할 수도 있습니다.

반면 피부 안의 세상은 통제 중심적인 방법이 작동하지 않습니다. 벽지를 바꾸듯이 지금 느껴지는 감정을 바꿀 수는 없습니다. 생각 또한 통제하려 하면 할수록 '흰곰'이 되어 버티게 됩니다. 다시 말하지만 원치 않는 감정을 통제하려 했을 때 잠시는 나아진 듯 하다 다시 경험하게 된다면, 그것은 당신이 의지가 부족하거나 통제력이 없어서는 아닐 것입니다. 원래 우리 피부 안의 세상이 그렇게 움직이지 않기 때문입니다.

문제는 당신이 통제할 수 없는 불안, 분노 등의 감정 경험을 겪을 때, 이를 없애려 하거나 경험하지 않으려 싸우게 될 때 일어납니다. 우리가 무엇인가와 싸울 때는 우리 몸의 교감신경계가 활성화됩니다. 교감신경계란 자율신경계의 일환으로 교감신경계가 활성화되면 투쟁-도피 반응(fight-or-flight response)이 일어나며, 마치 적에게 위협을 받고 적과 싸울 때와 같은 반응들을 불러일으킵니다. 호흡 증가 등의 스트레스 반응들이 이와 같습니다.

이로 인해 애초에 당신이 불편하게 여겼던 감정과 그 감정과 싸움으로써 얻는 스트레스 반응 등으로 불필요한 고통을 더하게

〈연습 12〉 수용에 대한 연습(hand gesture)

부드럽게 눈을 감고 앉습니다. 먼저 마치 앞에 원치 않는 상황이나 감정이 있는 것처럼 팔을 몸 쪽으로 최대한 당겨봅니다. 두 손을 꽉 쥐고 할 수 있는 한 오랫동안 머무릅니다. 이때 이 자세가 어떻게 느껴지는지 그 감각을 기억하세요. 이제 움켜쥐었던 손을 펴고 팔을 내려놓습니다. 잠시 팔을 내려놓은 지금의 자세가 어떻게 느껴지는지 그 감각을 기억합니다. 마지막으로 팔을 벌려 앞으로 향해 마치 풍선을 안듯이 안아봅니다. 마찬가지로 그 자세가 어떻게 느껴지는지 그 감각을 기억하세요.

됩니다. 이것이 ACT에서 말하는 고통에 고통을 얹는 '불필요한 고통'입니다.

(3) 이제 불필요한 고통을 얹는 싸움을 포기한다면 무엇을 얻을 수 있을까요?

당신의 생각과 감정을 통제하려는 노력을 내려놓으면 얻을 수 있는 것은, 당신의 삶에 대한 통제력입니다.

(4) 앞의 연습에서 어떤 자세가 제일 힘들었나요? 어떤 자세가 제일 편하게 느껴졌죠? 마지막으로 어떤 자세일 때 가장 자신이 당당하게 느껴졌나요?

대개 많은 경우 첫 번째 자세가 가장 힘이 많이 들고, 두 번째나 세 번째 자세가 힘이 덜 듭니다. 세 번째 자세는 두 번째에 비해 보다 적극적인 노력이 들지만, 두 번째 자세보다 자신이 조금 더 당당하게 느껴집니다. 첫 번째는 통제, 두 번째는 감수(resignation), 세 번째가 수용입니다. 수용은 포기나 감수함이 아닙니다.

그럼에도 불구하고, 기꺼이 하기(Willingness)

수용을 이야기하면서 같이 이야기되는 것 중 하나가 수용-전념 치료에서의 기꺼이 하기(willingness)입니다. 사실 우리말로는 번

기꺼이 하기란 순간의 용기로 그네에서 뛰어내리는 것과 같다.

역이 조금 어색할 수 있지만 수용이 감정을 끌어안는 행동이라고 한다면 기꺼이 함은(그럼에도 불구하고) 기꺼이 하는 '전념'의 요소를 더 많이 포함하고 있는 용어라고 할 수 있습니다.

사진에서 그네에 타고 있는 사람이 두 손을 놓을 때를 생각해 봅니다. 그네에서 뛰어내리는 것은 계단을 내려오는 것과는 다릅니다. 내려오려 노력하는 것은 없죠. 그저 어느 순간 두 손을 놓고 공중으로 몸을 날려 뛰어내려야 합니다. 이렇게 순간의 용기로 뛰어내리는 행동, 이것이 기꺼이 함(willingness)입니다.

첫째, 수용과 기꺼이 함 모두는 선택입니다. 수용은 받아들일 수 있을 것 같은 생각이나 믿음 또는 느낌이 아닙니다. 이는 마치 위의 그림에서 허공을 향해 손을 놓듯이, 지금까지 안전하게 느껴졌던 방법에서 벗어나 손을 놓고 불확실함을 온 가슴으로 안는 것을 선택하는 행동입니다.

둘째, 수용과 기꺼이 함 모두는 행동입니다. 그네를 내려올 때처럼 내려오려 노력하는 것이 아니라 손을 놓고 뛰는 행동입니다. 그네를 타고 있거나 두 손을 놓거나 둘 중의 하나지 내려오려 노력하면서 두 손을 놓지 않는 것은 없습니다.

실제 ACT를 가르치다 보면 많은 학생들이 이러한 전념의 정의를 이해할 때, 행동의 선택을 결과와 혼동합니다. 노력이라는 말은 결과를 고려할 때 하는 말입니다. 우리가 행동을 선택하고 전념할 때 그 결과를 모두 알고 보장하기 때문에 하는 것은 아닙니다. 그네에서 뛰어내릴 때 멋지게 착지할 수도 있지만 어쩌면 넘어질 수도 있습니다. 그 결과는 그 누구도 장담할 수는 없겠지만 멋진 착지도 넘어지는 것도 모두 전념 행동입니다. 그리고 그러한 전념 행동은 우리의 삶이 영원히 그네에, 안전함에 머무르기 위한 것이 아님을 알 때 그렇게 시도할 수 있습니다.

이처럼 수용과 기꺼이 함은 자신의 가치에 따른 삶을 향한 선택이며 행동입니다.

3장 핵심요약

• 궁극적인 치료 효과는 이러한 모든 불편한 생각과 감정, 기억을 안고도 개인이 얼마나 원하는 삶을 영위하고 있느냐가 될 것입니다. 이에 대한 심리적 측정치 중 하나가 '심리적 유연성(flexibility)'입니다.

• 수용과 전념 치료의 치료 과정과 병리모형은 모두 6가지 과정으로 구성되어 있습니다. 또한 이 6가지 과정은 서로 분리되어 있는 것이 아니라 마치 모빌처럼 서로 하나로 연결되어 있습니다.

• 수용-전념 치료의 6가지 과정은 크게 3가지 부분으로 나뉩니다(Hayes, 2011). 고통을 향해 마음을 여는(open) 과정과 피부 밖의 세상에 관여하는(engaged) 과정, 그리고 이 두 과정 모두에 필요하며 중심을 잡는 중심잡기(centered)의 과정이 그 3가지 요소입니다.

• '융합'은 수용-전념 치료에서 가정하는 인간 고통의 원인 중 하나입니다. 이러한 융합에서 벗어나도록 돕는 것, 이것이 치료 과정의 하나인 '탈융합'입니다.

• 자신에 대한 언어적 진술과의 관계를 중심으로 인간에게는 자기에 대한 3가지 인식이 있다고 봅니다. 첫째는 언어적 지식의 산물인 '내용으로서의 자기'이며, 둘째는 언어적 지식이 축적되는 과정인 '과정으로서의 자기', 그리고 언어적 지식의 소재(locas)로서 초월적인 자기인 '맥락으로서의 자기'입니다.

• 우리가 6개월 후 '미래'를 통제할 수는 없지만, 지금 이 순간이 모험의 여정에 머무를지 결정할 수는 있습니다. 그리고 그 길에서 '변화'는 '지금' 이 순간 작은 일일지라도 할 수 있는 일을 하는 데서 시작됩니다.

• 가치란 당신이 추구하는 삶의 방향으로 당신 삶에서 중요하다고 생각하는 행동의 '질(quality)'입니다. 이 점이 목표와는 다른 점입니다. 가치의 방향에서 우리는 그때그때 완수할 수 있는 목표를 정할 수 있습니다.

• 그네에서 뛰어내리는 것은 계단을 내려오는 것과는 다릅니다. 내려오려 노력하는 것은 없죠. 그저 어느 순간 두 손을 놓고 공중으로 몸을 날려 뛰어내려야 합니다. 이렇게 순간의 용기로 뛰어내리는 행동, 이것이 기꺼이 함(willingness)입니다.

• 우리가 행동을 선택하고 전념할 때 그 결과를 모두 알고 보장하기 때문에 하는 것은 아닙니다. 그네에서 뛰어내릴 때 멋지게 착지할 수도 있지만 어쩌면 넘어질 수도 있습니다. 그 결과는 그 누구도 장담할 수는 없겠지만 멋진 착지도 넘어지는 것도 모두 전념 행동입니다.

Acceptance and Commitment Therapy

4장

수용-전념 치료에서의 치료적 관계

지금까지 우리는 수용-전념 치료에서 고통을 어떻게 바라보고 있는지, 또 그에 따라 고통에 대한 개입이 어떻게 결정되는지를 맥락적으로 살펴보았습니다. 사실 대부분의 심리치료 개론 서적을 펼쳐 목차를 보면 각각의 심리치료 이론별로 심리 장애의 원인이 무엇이라 보는지, 그에 따라 치료는 어떻게 진행되는지, 그리고 '자기'에 대한 정의를 비롯해 심리치료별로 인간에 대한 이해가 어떻게 다른지, 마지막으로 치료 이론에 따라 세계를 어떻게 정의하고 있는지 등이 포함되어 있음을 발견하게 될 것입니다.

앞서 우리는 기능적 맥락주의와 ACT에서의 자기에 대한 정의 또한 살펴보았습니다. 또한 자비(compassion)에 대한 이해를 통해 자기중심적 세계관이 아니라 연결성을 강조하는 수용-전념 치료의 세계관 또한 살펴보았습니다. 치료적 관계란 이러한 모든 치료적 특징이 응집되어 표현되고 실제 전달되는 통로라 할 수 있겠습니다.

수용-전념 치료를 포함한 모든 심리치료 이론이 철학과 다른 점은 이론의 완성이 논리적 완벽함이 아니라 실제 치료 장면에서의 전달에 의해 결정된다는 점입니다. 그런 점에서 치료적 관계는 단지 부수적인 요소가 아니라 치료의 성패를 결정하는 치료의 주요 부분이라 할 수 있겠습니다.

특히 행동주의에 기반을 둔 수용-전념 치료에서는 치료적 관계가 변화를 행동적으로 경험할 수 있는 중요한 도구가 됩니다. 이에 4장에서는 우선 수용-전념 치료 이론과 일관된 치료적 관계의 몇 가지 원칙을 알아보겠습니다. 그 이후 수용-전념 치료의 치료 과정 및 치료적 관계의 바탕이 되는 자비에 대해서 살펴보도록 하겠습니다.

내담자와 치료자와의 관계가 실제 치료 효과에 영향을 미칠까?

"치료는 두 사람 사이의 대화로
이 중 누가 더 불안한지가 늘 확실하지는 않다."
-해리 설리반(Harry Sullivan)

이 책의 모든 내용이 수용-전념 치료를 설명하며 빼놓을 수 없는 중요한 부분이지만, 개인적으로 이번 장에서 다루게 될 치료적 관계야말로 수용-전념 치료의 시작이자 완성이라 말할 수 있을 것 같습니다(이선영, 2014c).

이번 장에서는 우선 치료적 접근을 막론하고 치료적 관계가 치료 효과에 실제로 어떤 영향을 미치는지, 영향을 미친다면 어떻게 영향을 미치게 되는지 알아보겠습니다. 이후 수용-전념 치료 이론과 일관된 치료적 관계의 몇 가지 원칙을 알아본 후, 수용-전념 치료의 치료 과정 및 치료적 관계의 바탕이 되는 자비(compassion)에 대해서 살펴보도록 하겠습니다.

먼저 치료 효과 측면에서 치료적 관계에 대해 질문을 던져보겠습니다.

'내담자와 치료자와의 관계가 실제 치료 효과에 영향을 미칠까요?'

다행히도 상당히 그렇습니다. 제가 다행이라고 하는 것은 조금 과장해 이야기하자면, 제4차 산업혁명시대를 맞이해 상당히 많은 직업이 기계로 대치될 수 있는 미래에 사람의 마음을 다루는 '심리치료자'만큼은 대체될 수 없는 영역으로 남기를 바라는 개인적 소망이 있기 때문입니다.

실제 대부분의 심리치료 접근에서 치료적 동맹과 치료 효과는 정적인 상관관계를 나타냅니다(이선영, 2014b).[6] 예를 들어 게스탈트(Horvath, & Greenberg, 1989), 인지행동 치료(Strunk, Brotman, & DeRubeis, 2010), 내담자 중심치료(Siegel, 2010) 등의 다양한 치료에서 치료적 동맹이 잘 형성되어 있을수록 높은 치료 효과를 보였습니다. 특히 인지행동 치료 초기의 치료적 동맹이 치료 종결 후의 치료 효과를 예측한다는 연구결과(Siegel, 2010)에서 보여지듯, 좋은 치료적 동맹은 치료 효과의 중요한 예언자이기도 합니다.

심지어 이러한 치료자-내담자 관계의 질은 치료기법의 차이

보다 치료 효과와 더 밀접한 상관을 보인다는 연구결과 또한 있어(Siegel, 2010), 치료적 관계가 단지 치료를 원활히 이루어지도록 돕는 부수적인 요소가 아니라 치료의 핵심 요소임을 알 수 있습니다.

사실 치료적 관계를 어떻게 정의하느냐는 치료적 접근에 따라 일관되게 다릅니다. 정신분석에서는 치료자와 내담자의 관계를 수직적으로 보았다면 인지행동 치료를 비롯한 행동주의 치료에서는 보다 수평적으로 봅니다. 이렇게 치료 이론에 따라 치료적 관계가 다른 것은 치료적 관계가 치료 이론 특유의 인간관이나 정신병리에 대한 관점을 반영하기 때문입니다.

앞에서 수용-전념 치료의 철학적 배경에 대해 살펴보면서 언급했듯이 하나의 치료를 다른 치료와 구분하는 것은 기법이 아닙니다. 사실 최근 들어서는 다양한 치료적 접근에서 치료적 기법을 공유하고 있으며, 동일한 '빈의자 기법'이라 할지라도 배경이 되는 치료 이론에 따라(수용-전념 치료나 DBT 등) 전혀 다른 목적으로 사용됩니다.

그렇다면 철학과 치료는 어떻게 다를까요? 치료에서 그 배경이 되는 철학은 치료적 접근의 정체성을 결정하는 데 중요하지만 그것으로 치료가 완성되는 것은 아닙니다. 결국 치료의 완성은 치료 장면에서 이루어지기 때문입니다. 아무리 치료 이론이 논리적으로 완벽하고 설명력이 있다고 하더라도 그것을 치료 장면에서 전달할 때 일관성이 없다면 소용이 없을 것입니다. 결국 이러한 이유가 치료적 관계에서 치료와 철학을 구분하는 중요한 요소가 됩니다.

대학에서 진로를 고민하는 제자들에게 강조하듯, 심리학에는 다양한 치료적 접근이 있으니 자신이 마음으로 동의할 수 있는 치료적 접근을 선택해 스스로를 훈련하는 것이 중요합니다. 왜냐하면 치료의 효과는 그 치료가 얼마나 일관되게 이루어지느냐에 달려 있으며, 이때 치료자를 포함한 치료적 관계 또한 치료의 일부이기 때문에 치료자가 치료 이론과 일관된 치료적 관계를 형성할 수 있는지가 중요합니다.

수용-전념 치료의 치료적 자세 7가지

1. 내담자를 치료에 머무르게 하는 것이 아니라 단기에 삶으로 되돌려 보내야 한다

인지행동 치료와 마찬가지로 수용-전념 치료 또한 단기를 지향하는, 즉 단기 지향적 치료로 치료자는 내담자를 치료에 오래 머무르게 하는 것이 아니라 되도록 빨리 삶으로 되돌려 보내도록 하는 것을 염두에 둡니다. 실제 변화는 삶에서 일어나고 지속되어야 하기 때문이죠.

특히 변화에 필요한 새로운 조망은 오랜 논쟁에서 온다기 보다 경험적으로 오기 때문에, 기존의 시각을 바꿀 수 있는 극적인 경험이 논쟁보다 효과적이라 보고 있습니다. 이런 이유로 수용-전념 치료에서는 치료 이론을 설명함에 있어 논쟁이나 설득보다는 내담자 스스로 ACT를 통해 자신의 문제를 새롭게 바라볼 수 있도록 하는 비유와 경험적 연습 등 다양한 경험적 기법을 사용합니다.

2. 내담자가 경험하는 불편감이 문제가 아니라 이를 경험하지 않으려는 싸움이 문제다

수용-전념 치료에서 치료의 타깃은 불안이나 우울 등 내담자가 경험하는 불편감이 아닙니다. 앞에서도 이야기했듯이 이러한 불편감 자체는 인간공통의 경험으로 삶의 다양한 맥락에서의 경험의 일부입니다. 문제는 이러한 불편감을 경험하지 않으려 싸우게 될 때 일어납니다. 우리가 우리 자신의 일부와 싸우게 되면 어느 쪽이 이기든 나의 일부는 패자가 되기 때문입니다.

이러한 원칙은 치료적 관계에서도 그대로 적용됩니다. 즉 치료 장면에서 치료자는 내담자의 불안이나 무력감을 문제로 보지 않습니다. 하지만 치료 관계와 같은 공감적인 관계에서 이것은 말처럼 쉽지 않습니다. 눈앞에 내담자의 좌절이 느껴질 때 치료자 또한 때로 반사적으로 이를 해결하려 하거나 없애고 싶어질 수 있습니다. 문제는 앞에서도 이야기했듯이, 이러한 치료자의 노력이 성공하든 그렇지 않든 그 성패 여부와 관계없이 결국 내담자에게 자신의 감정은 없애거나 줄여야 하는 '문제'라는 메시지를 전달하게 된다는 데 있습니다.

수용-전념 치료를 배우고 익히 알고 있는 치료자조차 때로는 이러한 싸움에 자기도 모르게 말려들고 있는 자신을 보게 되기도 합니다. 특히 내담자의 불편감을 없애야만 자신이 유능한 치료자인 것 같이 느껴질 때 더 그렇게 될 수 있지요. 이런 이유로 수용-전념 치료에서는 치료자가 낡은 습관대로 이러한 싸움에 말려드는 것을 늘 경계하도록 스스로를 훈련할 것을 요구합니다.

3. 치료자는 내담자가 성장하는 과정에서의 도전이나 그 과정에서의 어려움으로부터 내담자를 구해낼 수는 없다

앞에서 우리는 내담자의 좌절이나 불안이 공감적인 관계인 치료적 관계에서 치료자에게 전달되는 경우에 대해 이야기를 나누었습니다. '수용'의 과정을 전달하기 위해 치료자는 내담자의 불편감에, 때로 그 앞에서 느껴지는 치료자 자신의 무력함에 머물러야만 합니다.

내담자는 자신의 성장과정에서 맥락이 달라짐에 따라 지금까지 사용했거나 유효했던 방식을 버리고 새롭게 자신의 감정을 다루는 것을 배워야만 하는 시기를 맞이하게 됩니다. 이때 경험하게 되는 것이 '창조적 절망감'입니다. 이러한 절망감을 느끼지 않게 하기 위해서 내담자를 고난으로부터 들어내 새로운 궤도로 바로 옮겨놓을 수는 없습니다. 마치 누에가 나방이 되는 과정에서 그 수고를 덜어주려 고치를 없애는 것과 같습니다. 누에가 고치에 부딪치는 것을 통해 날개 모양을 만들지 못하게 되면 날 수 없게 되는 것과 마찬가지입니다.

이렇게 치료 과정에서의 '창조적 절망감'은 내담자 혼자만의 경험이 아닌 치료자와의 치료적 관계에서 같이 경험됩니다.

4. 내담자가 좌절하고, 혼란스러워하고, 걱정하고, 불안해한다면 그 장벽을 기회로 삼는다

만약에 치료자가 치료의 효과를 내담자의 좌절과 불안, 걱정을 줄이는 것이라고 생각했다면, 치료가 어느 정도 진행된 후 내담자의 이런 모습을 보고 당황스러울 수 있습니다. 그 순간 치료 효과가 없는 것은 아닐지 또는 자신이 유능한 치료자가 못되는 것 같다는 생각이 들어 위축될 수도 있겠죠.

하지만 수용-전념 치료에서는 치료가 진행되어도 심지어 아주 효과를 나타내고 있을 때조차 삶이 계속되는 한 내담자는 또 다시 좌절이나 걱정을 경험할 수 있다고 봅니다. 따라서 회기중에 내담자가 그런 모습을 보인다면 이를 어떻게 다룰 것인지 회기 내에 실제로 연습할 수 있는 또 한번의 기회가 온 것이기에 치료자로서는 반가운 일입니다.

5. 치료자로서 좌절하고, 혼란스러워하고, 걱정하고, 불안해한다면 기쁜 일이다

이전의 수직적 관계와 달리 인지행동 치료를 비롯한 행동주의 치료에서는 치료적 관계를 수평적으로 가정합니다. 치료자와 내담자는 부모와 자녀 혹은 스승과 제자와 같은 가르침을 받고 배우는 관계가 아니라, 공동의 치료목표를 향해 협력하는 수평적 관계라고 보기 시작한 것입니다.

수용-전념 치료는 이러한 흐름에서 더욱 나아가 치료자와 내담자를 치료 장면에서 다른 편 의자에 앉아 있을 뿐, 약점과 실패를 경험하는 동일한 인간조건을 가지고 있다는 점에서 한 배를 타고 있다고 봅니다. 같은 배를 탄 사람 중 한 명이 흔들리면 다른 사람도 흔들립니다. 치료 또한 마찬가지로 치료자가 내담자의 고통뿐만 아니라 자신의 약점과 치료자로서의 부족함 또한 자비롭게 대할 때 항해가 이루어질 수 있습니다.

예를 들어 치료자로서 기대와 다르게 치료가 진행될 때, 때로 혼란스러우며 걱정되고, 자신이 유능한 치료자가 아니지 않을까 불안해지기도 합니다. 이러한 자신에 대한 회의나 혼란스러움은 내담자 역시 자신의 삶에서 또는 치료 장면에서 경험하는 감정이기 때문에 치료자가 이러한 감정을 느낀다면 이때가 바로 연결감을 가지고 내담자를 대할 수 있는 기회가 될 수 있습니다.

수용-전념 치료에서 자기 개념에 대한 개입의 하나인 자비의 수용-전념 치료(이선영, 2014a) 또한 치료자 자신의 소진에 대한 개입으로 적용할 수 있습니다.

6. 내담자에게 하라고 말하는 것보다 치료자가 치료 장면에서 실제로 하는 것이 치료적으로 더 유용하다

수용-전념 치료는 경험적 치료로 행동주의의 계보를 잇고 있습니다. 행동주의에서 가장 큰 학습방법 중 하나가 모델링인데, 치료 장면에는 사람이 2명 있습니다. 치료자와 내담자. 따라서 치료 회기 내에 내담자가 모델링할 수 있는 사람은 치료자 밖에 없으며, 실제 '수용'을 비롯한 ACT 치료 과정 대부분은 행동적인 과정이기 때문에 더욱 그러합니다. 수영을 가르칠 때 수영하는 법을 말로 전달할 때와 실제 물 속에서 먼저 보여주는 것 중 어떤 것이 효과적일지를 생각해 보십시오.

7. 내담자와 논쟁하거나 내담자를 설득하지 말 것

수용-전념 치료는 내담자의 생각의 내용을 바꾸는 것을 그 목적으로 하지 않습니다. 따라서 내담자의 생각에 반대증거를 찾거나 논쟁하지 않습니다. 때로 슈퍼비전을 하다 보면 수용의 과정을 진행하면서 내담자가 이전의 습관들-생각이나 감정을 없애거나 줄이려는 습관들-로 돌아가려 할 때 치료자가 이를 탓하며 수용의 유용성을 논쟁하려 하는 경우를 보게 되기도 합니다. 사실 이 또한 치료자 자신의 낡은 습관으로, 치료자가 알아채지 못한 채 일어나는 일이기도 합니다. 내담자가 스스로에게 강압적인 독재자가 되기를 원치 않기 때문에 수용을 연습하는 것인데, 수용의 과정을 강압적으로 밀어붙여 그것이 또 다른 '부드러운 독재자'가 되게 할 수는 없습니다.

수용의 과정과 더불어 전념의 과정에서 또한 이러한 태도는 중요합니다. 앞에서도 살펴보았듯이 내담자의 가치는 전적으로 내담자 자신의 것입니다. 그것이 치료자의 가치와 다르고 때로 상충할 수도 있지만, 본질적으로 치료에서 중요한 것은 내담자의 삶과 경험이지 치료자의 의견이나 신념이 아니라는 것을 기억해야 합니다.[7]

치료자와 내담자 사이의 연결다리: 자비

"도운다는 것은 우산을 들어주는 것이 아니라
함께 비를 맞는 것입니다."
–신영복

수용-전념 치료는 내담자와 치료자 간 수평적 관계를 넘어서 내담자와 치료자 모두가 인간으로서 공통조건인 결함과 부족함을 가지고 있으며, 인간공통의 경험인 좌절과 불안 등 불편한 감정을 경험한다는 점에서 하나라고 봅니다. 이러한 '자비'는 ACT가 가정하는 심리 모형에 내재된 유일한 가치이며, 자비의 바탕은 ACT의 치료 과정(hexaflex)으로부터 온다고 봅니다(Hayes, 2008).[8] 이는 다음 장에서 자세히 다룰 불안의 경우에도 마찬가지로 불안에 대한 수용-전념 치료의 경우, 육면체 모형에 더해 자기-자비가 주요한 치료 과정 변인이 됩니다(이선영, 2009 ; 이선영, 안창일, 2012).

실제로 수용-전념 치료의 육면체 모형(hexaflex model)에서 심리적 안녕감은 '심리적 유연성'으로 표현됩니다. 다시 정리하자면 심리적 융통성이란 지금 현재의 순간에 보다 의식적인 인간으로서 존재하고, 가치로운 방향으로 행동을 계속하거나 변화시킬 수 있는 능력이라 할 수 있습니다. 이때 자기-자비는 자신과 타인의 아픔을 감내하며 이를 보다 유연하게 대할 수 있도록 합니다. 실제 치료 과정중 '수용'을 내담자와 함께 연습해야 하는 고통의 순간에 자기-자비는 이러한 고통을 바라보되 이에 매몰되지 않도록 돕는 치료적 도구가 됩니다.

이러한 자기-자비 및 자비는 진화심리학의 맥락에서 이해할 수 있습니다. 진화론적 관점에서 볼 때 종의 생존과 적응에 유리한 방향으로 인간은 변화를 계속해왔으며, 필요하지 않은 기관이나 기능은 퇴화되어 왔음을 기억해보겠습니다. 그렇다면 '자비'의 진화론적 기능은 무엇일까요? 달라이 라마(Dalai Lama)에 의하면 자비란 '자신을 포함해 고통에 처한 사람을 보았을 때 이를 구해내고자 하는 마음'이라고 했습니다. 다른 말로 자비란 자신을 포함해 고통을 경험하고 있는 타인을 돕고자 하는 정서반응으로, 이타행동을 동기화해 나와 우리의 생존 가능성을 높입니다(Gilbert, 2011).

치료자로서 결국 우리의 목적은 고통에 처한 내담자를 구하는 것일 것입니다. 언제나 문제는 '어떻게'가 되겠죠. 어떻게 하면 좌절과 실망 그리고 불안과 슬픔에 빠져 있는 내담자가 이를 없애려 하지 않고 있는 그대로 느끼면서 고통으로부터 걸어 나오도록 할 수 있을까요. 수용-전념 치료에서는 내담자와 치료자가 경험하는 고통이 근본적으로 다르다고 보지 않기 때문에 해답은 치료자 자신에게 있습니다. 치료자 자신부터 불안과 좌절 등 불편한 감정을 느끼는 고통의 순간에 이를 없애려 하기보다 감싸 안고 걸어나오는 경험을 함으로써 어떻게 자신을 자비롭게 대하는지를 배우는 것입니다.

수용과 마찬가지로 자비 또한 행동이기 때문에 연습을 통해 점차 내 것이 되어 갑니다. 그리고 이런 경험을 바탕으로 치료 장면에서 고통의 순간에 처해 있는 내담자를 알아볼 수 있게 되며, 고통에 대한 연결감을 가지고 내담자와 함께 걸어나올 수 있게 됩니다.

앞에서 이야기했듯이 치료적 접근을 막론하고 치료적 관계에는 그 치료의 모든 것이 담겨 있다고 해도 과언이 아닙니다. 현재의 문제가 현재가 아닌 다른 시점에 기인한다고 보는 치료적 접근에서는 치료적 관계 또한 이전의 관계에 의해 결정된다고 보며, 협력적 경험주의를 따르는 치료적 접근에서는 치료적 관계 또한 수평적인 치료적 관계를 바탕으로 현재 시점에서 내담자가 새로운 경험을 할 수 있도록 도우려 합니다. 수용-전념 치료는 근본적으로 치료자와 내담자의 경험이 다르다고 보지 않기 때문에, 인간공통의 경험으로서 고통을 어떻게 다루는지는 치료자 자신의 경험을 통해서 배울 수 있다고 봅니다. 특히 치료자와 내담자는 치료 장면에서 '같은 배'에 타고 있기 때문에 연결감을 가지고 내담자의 고통의 순간을 함께해야 합니다.

마지막으로 앞에서 이야기했듯이 수용-전념 치료는 행동주의를 계승하고 있어 수용-전념 치료에서의 주요 과정-수용, 전념, 탈융합, 가치 등- 또한 말이 아닌 치료자의 행동으로 보여질 때 효과적으로 전달될 수 있다고 봅니다. 예를 들어 치료자는 실패나 좌절에 빠진 내담자가 '나는 유능해.' 등의 내용 중심의 자기에서 벗어나 맥락으로서의 자기로 조망이 옮겨가도록 시도합니다. 그리고 이때 자비는 자신에 대한 생각에서 벗어나 맨눈으로 자신을 볼 수 있는 용기를 갖도록 하는 데 도움이 됩니다.

이는 치료자의 경우에도 마찬가지로 자신이 유능한 치료자인지 또는 아닌지에 대한 생각 또는 이를 확신할 증거를 찾고자 하는 싸움에서 벗어나 맥락으로서의 자기로 조망이 옮겨갈 때 치료 회기 내에서 매 순간 일어나는 일에 주의를 기울일 수 있으며, 이렇게 할 때 고통의 순간에 자리하고 있는 변화의 씨앗을 알아차리게 됩니다.

치료 회기에서 어떤 일이 일어날지는 누구도 예측할 수가 없습니다. 치료자로서 때로는 기대와 다른 진행에 당황하기도 하며, 내담자가 전혀 나아지지 않는 것 같은 순간에는 스스로 치료자로서 자신을 의심하게 되기도 합니다. 이런 순간에 스스로를 판단하지 않고 자비롭게 보면서 예상과 다른 현실을 있는 그대로 볼 때, 그 안에서 가용한 반응을 찾아낼 수 있습니다. 이 과정을 같이 하며 내담자 또한 심리적 유연성을 기를 수 있게 됩니다. 결국 우리 삶의 목적은 처음 생각대로 사는 것이 아니라 매 순간이 주는 모든 가능성을 충분히 만끽하며 충만하게 사는 데 있기 때문입니다.

이런 의미에서 나는 수용-전념 치료자로서 가장 좋은 훈련은 스스로 내담자가 되어보는 것이라고 이야기하고는 합니다. 특히 치료자가 타인을 돌보는 사람으로서 자신이 지쳐가기 시작할 때 스스로를 돌보며 맥락적 자기로서의 조망을 찾을 수 있는 연습이 필요하며, 이 중 하나가 자비의 수용-전념 치료입니다(이선영, 2014 ; 이선영, 2017d).

치료자와 내담자는 치료 장면에서 '같은 배'에 타고 있기 때문에
연결감을 가지고 내담자의 고통의 순간을 함께해야 합니다.

4장 핵심요약

- 대부분의 심리치료 접근에서 치료적 동맹과 치료 효과는 정적인 상관관계를 나타냅니다(이선영, 2016). 예를 들어 게스탈트(Horvath, & Greenberg, 1989), 인지행동 치료(Strunk, Brotman, & DeRubeis, 2010), 내담자 중심치료(Siegel, 2010) 등의 다양한 치료에서 치료적 동맹이 잘 형성되어 있을수록 높은 치료 효과를 보였습니다.

- 치료의 효과는 그 치료가 얼마나 일관되게 이루어지느냐에 달려 있으며, 이때 치료자를 포함한 치료적 관계 또한 치료의 일부이기 때문에 치료자가 치료 이론과 일관된 치료적 관계를 형성할 수 있는지가 중요합니다.

- 인지행동 치료와 마찬가지로 수용-전념 치료 또한 단기를 지향하는, 즉 단기 지향적 치료로 치료자는 내담자를 치료에 오래 머무르게 하는 것이 아니라 되도록 빨리 삶으로 되돌려 보내도록 하는 것을 염두에 둡니다.

- 내담자의 가치는 전적으로 내담자 자신의 것입니다. 그것이 치료자의 가치와 다르고 때로 상충할 수도 있지만, 본질적으로 치료에서 중요한 것은 내담자의 삶과 경험이지 치료자의 의견이나 신념이 아니라는 것을 기억해야 합니다.

- 수용-전념 치료의 육면체 모형(hexaflex model)에서 심리적 안녕감은 '심리적 유연성'으로 표현됩니다. 다시 정리하자면 심리적 융통성이란 지금 현재의 순간에 보다 의식적인 인간으로서 존재하고, 가치로운 방향으로 행동을 계속하거나 변화시킬 수 있는 능력이라 할 수 있습니다.

• 자기–자비는 자신과 타인의 아픔을 감내하며 이를 보다 유연하게 대할 수 있도록 합니다. 실제 치료 과정중 '수용'을 내담자와 함께 연습해야 하는 고통의 순간에 자기–자비는 이러한 고통을 바라보되 이에 매몰되지 않도록 돕는 치료적 도구가 됩니다.

• 수용–전념 치료에서는 내담자와 치료자가 경험하는 고통이 근본적으로 다르다고 보지 않기 때문에 해답은 치료자 자신에게 있습니다. 치료자 자신부터 불안과 좌절 등 불편한 감정을 느끼는 고통의 순간에 이를 없애려 하기보다 감싸 안고 걸어나오는 경험을 함으로써 어떻게 자신을 자비롭게 대하는지를 배우는 것입니다.

• 치료자가 타인을 돌보는 사람으로서 자신이 지쳐가기 시작할 때 스스로를 돌보며 맥락적 자기로서의 조망을 찾을 수 있는 연습이 필요하며, 이 중 하나가 자비의 수용–전념 치료입니다(이선영, 2014 ; 이선영, 2017)

Acceptance and Commitment Therapy

5장

수용-전념 치료의 실제

이번 장에서는 수용-전념 치료를 불편감에 적용하는 과정을 간략히 살펴보도록 하겠습니다. 이때 앞에서 살펴본 ACT의 치료 과정 변인들이 서로 어떻게 연결되고 하나가 되어 춤처럼 움직이는지를 엿보고자 합니다. 물론 고통의 의미는 개인에 따라 다르기에 여기서 제시하는 방법은 일반적인 프로토콜이며 실제 적용할 때는 내담자 각각의 가치, 특성 및 상황에 대한 개별 평가 이후 적용해야 합니다.

또한 앞의 '치료적 관계'에서 설명했듯이 실제 이를 적용하는 과정에서 치료자와 내담자 관계가 유용한 도구가 되므로, 이를 위해 슈퍼비전을 받는 것이 필요합니다. 실제 치료자가 내담자의 감정에 접근하는 데 있어 치료자 자신의 감정이 장애물이 되는 경우가 많습니다.

슈퍼비전을 통해 치료자 자신이 스스로의 감정에 접근하고 수용하게 되는 과정을 배우게 되면, 이를 통해 치료자는 내담자의 감정에 언어적이 아니라 경험적으로 접근할 수 있게 됩니다. 결국 치료자와 내담자 간의 자비(compassion)는 정서를 바탕으로 한 행동 경험이기 때문입니다.

수용-전념 치료에서 치료 과정의 흐름과 'ACT dance'를 살펴본 이후, 실제 치료 장면에서 내담자가 다루고자 하는 고통의 순간에 접근하는 방법이자 치료 장면에서의 새로운 학습으로서의 수정적 정서 경험 및 직접적 유관성에 대해 살펴보겠습니다. 마지막으로 실제 불안이나 수치심 등 정서적 불편감에 따른 실제 적용을 간단히 살펴보도록 하겠습니다.

실제 치료가 진행되는 과정

수용-전념 치료에서 실제 치료가 진행되는 과정은 마치 춤과 같습니다. ACT의 치료 과정은 앞에서도 이야기했듯이 선형적으로 진행되지 않습니다.

'hexaflex'라는 말에서 느껴지듯 ACT의 6가지 주요 과정은 서로 연결되어 있으며, 유연하게 움직입니다.

위의 도형에서 우선 탈융합을 찾아보십시오. 탈융합에서 연결된 선들을 따라갑니다. 우선 '수용'과 '맥락으로서의 자기'가 모빌처럼 서로 연결되어 있습니다. 또한 '현재 순간에 접촉하기'에

수용-전념 치료에서의 치료모형

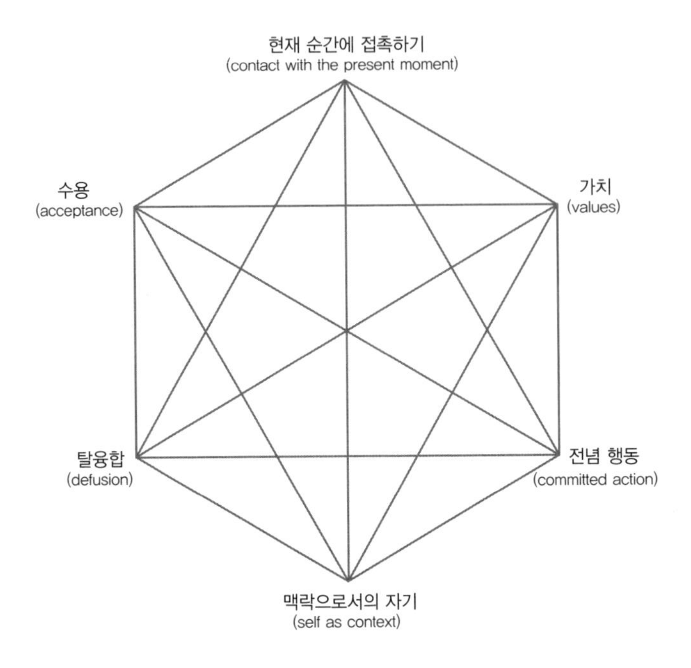

도 연결되어 같이 움직이며, '가치'와 '전념 행동'과 함께 일어납니다. 마치 모빌처럼 하나의 치료 과정이 다른 치료 과정과 닿아 있어 하나를 건드리면 다른 과정들이 흔들리기 시작합니다. 또한 마치 춤을 추듯 이미 '수용'에서 '가치'와 '전념 행동'으로의 스텝을 밟았다 하더라도 다시 '전념 행동'에서 시작해 '수용'으로 오는 백스텝을 밟기도 합니다(실제로 상당히 많은 ACT 치료에서 일어나는 일이죠). 이러한 과정을 통해 각각의 사례에서, 그리고 매 회기에서 다양한 ACT라는 춤을 추게 됩니다. 경험을 말하자면 치료를 진행하면서 때로는 그 과정이 만들어내는 춤이 마치 하나의 예술작품처럼 아름답게 느껴질 때도 있습니다.

앞에서 이야기했듯이 내담자의 현재 상태에서의 경험회피, 융합 등 6가지 과정을 사전 평가하며 치료가 시작되기 때문에, 늘 그런 것은 아니지만 ACT라는 춤은 대개 탈융합에서 첫 스텝이 시작됩니다.

이렇게 탈융합이 고통에 접근하는 주요한 스텝이 되는 좋은 예로 불안에 대한 수용-전념 치료를 꼽을 수 있습니다.

지금까지 홀로 추는 ACT dance와 그 스텝을 알아보았습니다. 이제부터는 이러한 한 사람의 스텝이 다른 사람의 스텝과 어떻게 연결되고 춤이 되는지를 간략히 살펴보도록 하겠습니다.

개인으로서 불편한 감정을 '수용'하는 것을 배웠으나, 우리는 진공상태에 있지 않기 때문에 타인의 감정에 영향을 받습니다. 특히 그것이 내가 중요하다고 생각하는 관계, 즉 부부나 연인, 자녀와의 관계처럼 친밀한 관계의 타인이라면 더욱 그러합니다.

가까운 이의 불편한 감정과 이와 관계된 행동들이 내게 감정을 불러일으키게 됩니다. 이는 나의 감정으로부터 시작된 것이 아니라 상대방이 자신의 불안, 분노에 반응하는 과정에서 생기게 된 감정이지만, 내게도 감정을 불러일으켜 그 사람에 대한 나의 다음 행동에 영향을 미치게 됩니다. 이때의 과정을 ACT dance라고 합니다.

ACT dance는 한 사람 또는 두 사람 모두의 상황을 특정한 방향으로 이끄는 연결고리의 부분으로, 이 부분은 회피, 모면 혹은 통제일 수 있으며, 소통과 지지, 문제해결 그리고 목표를 전경에 계속 두는 방향일 수도 있습니다.

예를 들어[9] 아이의 불안행동이 부모에게 때로 좌절이나 사회적 상황에서 수치심을 불러일으키면, 이때 느끼는 감정과 실제 행동시에 부모가 선택할 수 있는 것을 아이와 추는 춤이라 할 수 있습니다. 또 부모는 이 모든 불편한 감정과 사회적 상황에서 철수하는 방식의 춤을 선택할 수도 있으며, 아이의 감정을 읽고 이와 소통하며, 아이의 발달과제라는 큰 그림을 전경에 그대로 둔 채 당면한 문제해결에 도움이 되는 춤을 선택할 수도 있습니다. 여기서 후자가 바로 ACT dance입니다.

심리치료는 새로운 학습: 치료 장면에서의 수용의 학습

내담자가 심리치료를 찾을 때 지금과는 다른 삶, 다른 자신을 원합니다. 다시 말해 삶의 변화를 원하지요. 행동주의에서는 이러한 변화의 원리와 관련된 이론을 학습이론이라고 합니다. 결국 자신의 감정이나 생각과 관계를 맺는 새로운 행동을 배우는 과정, 그것을 수용-전념 치료를 비롯한 행동주의에서는 치료라고 봅니다. 행동주의에서는 행동의 변화를 학습이라고 하는데, 이러한 학습은 경험을 통해서 일어납니다.

수용-전념 치료는 치료 장면에서 이러한 경험을 제공하며, 새로운 경험을 통해 얻게 된 새로운 방식의 행동들을 내담자 자신의 삶에서 계속해나갈 수 있도록, 즉 일반화할 수 있도록 돕습니다. 이런 이유로 수용-전념 치료는 치료 회기와 회기 사이의 간격을 가지는 것이 치료 효과를 일반화하는 데 도움이 될 수 있다고 보며, 치료를 장기로 진행하는 것보다 내담자 자신의 삶에서 새로운 학습을 일반화할 수 있도록 하는 것이 더 효과적이라 보아 단기치료를 지향합니다.

자, 이제 치료자와 내담자의 상호작용이라는 맥락에서 우리는 내담자에게 새로운 경험을 직접적으로 제공해야 합니다. 여기서 중요한 부분은 '직접적'이라는 것입니다.

사실 내담자는 치료 회기 이전에 이미 경험한 일이나 아직 경험하지 않은 일을 치료 회기에서 음성과 행동으로 전달합니다. 대부분의 심리치료는 언어로 전달되기에 지금까지 이것이 너무도 자연스럽게 느껴져 왔습니다. 하지만 우리는 앞에서 이러한 언어에 의한 이차 조건형성의 문제에 대해서 살펴보았습니다. 언어로 전달되면서 우리가 어떻게 실제 경험에 의한 직접적인 수반성(direct contingency)을 잃게 되는지를 말입니다. 다시 말하자면 내담자의 고통의 처음에는 분명히 경험이 있었을 것입니다. 그때, 그곳에서, 그때의 나로서 경험해야 해던 고통, 그것을 언어로 표현하면서 우리는 그 고통을 다른 시간, 다른 장소로 옮겨갈 수 있습니다. 심지어 나의 경험을 언어로 표현하면 그 단어에 사회적인 의미가 덧붙습니다. 예를 들어 '나는 어렸을 때 너무 외로웠어.'라는 언어적 표현에는 여러 가지 사회적 의미가 연합될 수 있습니다. '아이는 사랑받아야 하는데 외로웠다는 것은 받아야 할 사랑을 받지 못한 것이다.'라든지 '당연한 사랑을 받아야 하는데 받지 못할 만큼 사랑스럽지 못했다.'라든지.

이렇게 실제 경험에서의 직접적인 수반성은 이차 조건형성 과정 및 사회적 맥락에서의 고차 조건형성 과정 등을 거치며, 처음의 직접적인 수반성은 희미한 가운데 고통에 고통을 더해가게 됩니다. 이제 처음의 직접적인 감정 경험은 수많은 덧칠이 된 채 눈덩이처럼 커지게 되고, 내담자는 이러한 경험을 일으킬 수 있는 개인 내적, 개인 외적 단서들을 피하게 되는데, 이것이 경험회피입니다.

치료자와 내담자의 상호작용이라는 새로운 맥락에서 치료자는 이러한 감정을 포함한 직접적인 '경험'에 접근합니다. '경험회피'에 대한 치료 과정인 '수용'을 위해서는 우선 감정을 표현한 언어가 아니라 그토록 두려워했던 '감정' 그 자체에 접근해야 합니다. 이때 언어가 전달될 때의 '행동'이 단서가 되기도 합니다. 실제 상호작용에서는 언어가 내용으로만 전달되지 않습니다. 내담자의 언어행동이 발생할 때는 수많은 맥락적 단서들이 같이 존재합니다. 예를 들어 말을 하는 시점, 이야기할 때의 톤, 높낮이, 쉼이나 속도와 같은 것들이 이러한 맥락적 단서에 해당합니다. 다양한 단서들을 통해 우리는 내담자의 말의 '내용'이 아니라 직접적인 경험에 접근할 수 있게 되고, 이때 드러나는 직접적인 경험을 단서로 불편한 정서 경험을 포함한 실제 경험에 맥락적으로 접근할 수 있습니다.

치료 장면에서 우리는 치료자와 내담자 간의 상호작용을 '강화'로 쓰면서, 내담자가 '지금 이 순간'에 접촉할 수 있도록 돕게 됩니다. 이제 내담자가 현재 순간에 접촉할 때의 감각적 경험을 인식할 수 있게 되면, 불편한 경험과 관련된 또 다른 시간적, 공간적 맥락으로 인식을 넓혀갑니다. 그리고 그때의 맥락에서 피부 안의 감정 경험을 포함한 모든 경험을 있는 그대로 느낄 수 있도록 돕는 '수용'의 과정을 치료자와 함께 시도할 수 있습니다. 이러한 과정을 통해 내담자는 자신이 회피해온 '감정 경험'을 이전과 다르게 인식하고 다루는 새로운 경험을 하게 되고, 자신의 감정 경험에 대한 새로운 직접적 유관성을 치료 장면에서 얻게 됩니다. 이 과정이 마치 아이가 자신의 감정을 인식하는 것을 배우는 과정과 비슷해 때로 치료자는 내담자에게 감정을 인식하는 과정에서의 양육자 역할을 하게 되기도 하며, 이런 면에서 1946년에 알렉산더가 이야기한 '수정적 정서 경험(corrective emotional experience)'과 유사한 측면이 있습니다(Alexander, French, & the Institute for Psychoanalysis, 1946).

반면 수용-전념 치료에서의 수용의 과정은 이미 발생한 과거의 경험뿐 아니라 언어적으로 전달되는 미래의 두려운 경험에 대해서도 마찬가지로 적용됩니다. 걱정과 두려움에 사로잡힐 때 우리는 주로 이를 언어적으로 경험합니다. '시험에 떨어지면 어떻게 하지?' '회사에서 해고되면 어떻게 하지?' '그 사람과 헤어질까 걱정이다.' 등 그런 생각이 떠오르면 마치 실제로 그 일이 벌어진 것처럼 마음이 불편해지고 조급해지며, 이러한 생각이 떠오르는 것이 불편해집니다. 그래서 가능한 모든 상황의 대처방법을 생각해내거나, 게임이나 텔레비전 또는 알코올 등 다른 일에 주의를 분산시키려 하기도 합니다. 앞에서도 살펴보았듯이 이러한 행동의 형태 자체가 문제가 아니라 생각이 불러일으킨 감정을 이런 행동이 '회피'하고자 하는 기능을 했을 때, 이것이 '경험회피'가 됩니다.

문제는 미래에 어떤 일이 일어날까 걱정하고 두려워할 때, 실제로 머릿속에서 생각은 많이 반복하지만 마음으로는 준비하지 않는다는 점에 있습니다. 사실 우리는 모두 시험에 합격하기를 바라고, 사랑하는 사람이 영원히 곁에 있어 주기를 바라지만 실제 세상은 우리의 기대와 관계없이 일어나는 일들이 있으며, 안타깝게도 이것에 대해 우리가 완전히 예측하거나 통제할 수 있는 방법은 없습니다. 그리고 경험할 당시에 우리가 원했는지에 따라 경험을 긍정적, 부정적으로 분류할 수 있지만 실제로는 원했던 변화든 원하지 않았던 변화든 '변화'라는 점에서는 같습니다. 세상 모든 것은 변하고, 그것이 우리 삶의 본질이라는 점에서 피할 방법은 없습니다.

수용-전념 치료에서는 이렇게 언어(생각)로 반복되는 걱정에 대해 과거의 경험을 다룰 때와 마찬가지로 맥락적으로 접근해 실제 경험할 수 있는 '감정'에 노출하도록 합니다. 이는 노출치료에서의 '심상 노출'과 어떤 면에서는 유사합니다. 다른 점이 있다면 그때 경험하는 감정 경험에 대해 이를 통제하거나 줄이려는 시도 없이 처음부터 끝까지 모든 과정을 충분히 경험하도록 돕는 '수용'의 과정을 밟는다는 점이 되겠지요. 그렇게 새로운 유관성을 만들어나가게 됩니다.

이러한 과정을 통해 그토록 두려운 상황에서의 실망감과 당황스러움, 때로는 슬픔과 외로움 등 자신의 감정과 안면을 트고 관계를 맺게 됩니다. 물론 그렇다 해도 여전히 이러한 불편한 감정들을 좋아하진 않겠지만, 어쩌다 만나게 된다고 해도 그들이 두려워 길을 돌아가지는 않을 것입니다. 이제는 아는 사이가 되었기 때문입니다.

불안에 대한 수용-전념 치료

"불안하자, 그리고 하고자 했던 것을 하자."

이 인용문은 한 학기 ACT 훈련을 받아온 나이 지긋한 노신사 분께서 강의를 들은 후 자신의 노트에 적은 문장입니다. 사실 워크숍을 진행한 나에게는 수없이 많은 말 중에 하나일 수 있지만 '불안하자.'라는 말이 오히려 또 다른 자유를 주었다고 하시는 말씀처럼, 불안과의 싸움에 지친 사람에게는 그 말이 가슴에 오랫동안 종소리처럼 울리며 남아 있을 수도 있을 것입니다.

불안에 대한 수용-전념 치료는 앞에서 이야기한 ACT의 첫 스텝인 '탈융합'과 '자발성'이 주요한 스텝이 되는 치료입니다. 수용-전념 치료의 과정은 서로 모빌처럼 연결되어 있으므로 치료에는 6가지 과정이 모두 일어나지만, 불안과 함께 하는 춤은 탈융합과 자발성이라는 스텝이 강조된 춤입니다.

불안은 우리 마음의 알람

이 책을 읽는 분들 중에 나는 '불안'이 무엇인지 모르겠다, 또는 느껴본 적이 없다라는 분은 아마 없으실 것입니다. 공포를 느낄 때 가슴이 철렁하는 느낌이나, 두려움으로 가슴이 옥죄고 어깨가 굳는 느낌이나, 걱정으로 잠을 이루지 못할 때의 피곤함 등은 우리 모두에게 익숙한 경험이기 때문입니다. 이를 경험하는 순간 불안이 얼마나 우리를 힘들게 할 수 있는지 역시 익숙하게 알고 있습니다.

사실 불안이나 공포는 인간의 정서 중 생애 초기에 발달하는 감정 중 하나입니다. 그 이유는 아마도 인간이 하나의 개체로서 세상에서 살아남을 때 불안이라는 감정을 경험하는 것이 도움이 되기 때문일 것입니다.

원시시대에 살던 우리 조상들을 생각해보겠습니다. 자연에서 인간은 유약한 존재입니다. 호랑이처럼 날카로운 이빨이나 코끼리처럼 큰 덩치를 가지고 있지 않은 채로 적들과 먹잇감이 함께 존재하는 세상에 나서야 합니다. 동굴 밖에서 주변을 살피던 중 갑자기 다른 동물이 나타난다면 어떨까요? 우선은 깜짝 놀라 심장박동이 빨라질 것입니다. 그리고 찰나의 순간에 도망갈 것인지 앞에 있는 동물과 싸울 것인지를 결정해, 도끼로 내리치거나 재빨리 도망을 갈 것입니다. 이 순간 심호흡이 아주 편안한 채로 심사숙고해 행동할 수는 없으며, 그렇게 한다면 아마도 살아남기가 힘들 것입니다. 이때 경험하는 응급 반응 또는 투쟁-도피 반응이 불안의 진화적 본질입니다. 이처럼 불안은 우리 마음을 응급상태로 만들어 빨리 행동하도록 하는 기능을 합니다. 마치 알람 소리처럼 말이죠.

많은 분들이 불안이 기능을 하는 것은 알겠지만 그 경험이 너무 불편하니 조금만 덜 불편했으면 잘 다룰 수 있을 것 같다고 합니다. 아침의 알람 소리가 너무 거슬리니 고요한 음악으로 바꾼다면 어떻게 될까요? 아마도 눈을 비비며 알람시계를 찾을 만큼 거슬리지 않기에 계속 자게 될 것입니다. 불안은 알람과 같아서 우리 마음을 불편하게 만들어 움직이게 합니다.

문제는 불안 경험 그 자체가 아니라 그것이 일어나는 맥락이 변화했다는 데 있습니다. 사실 현대의 우리는 사냥을 하던 조상과 달리 생명을 위협하는 맹수를 만나 바로 투쟁하거나 도피해야 할 일이 많지 않습니다. 그럼에도 불안이라는 알람반응은 여전히 마치 화재경보기처럼 한 번의 불상사를 막기 위해 수없이 많은 거짓 경보(false alarm)를 보낼 수밖에 없습니다. 문제는 그렇게 경보가 울릴 때마다 무조건 밖으로 뛰어나가지 않고, 그것이 실제 일어난 일인지 아닌지를 살펴보아야 할 일이 많아졌다는 것이죠. 그리고 결국 그 일은 우리 마음이 아니라 우리 자신의 몫이 됩니다.

아래는 자기평정 연습입니다.

〈연습 13〉 자기평정 연습

1. 내가 불안해지지 않는다면, 또 걱정에 휩싸이지 않고 이전의 기억들로 주저하게 되지 않는다면, 이런 일을 해보고 싶다(예를 들어 낯선 사람에게 먼저 말을 건다거나, 혼자서 운전을 해 친구 집에 간다거나).
2. 위 1번의 일들을 실제 하려고 했을 때의 경험들(생각이나 신체 감각 또는 감정들).
3. 위 2번의 불안이나 걱정, 두려움을 없애기 위해 사용한 방법들.
4. 만약에 2번에서 떠올린 생각이나 신체 감각 또는 감정들이 그토록 문제가 아니라면, 3번의 행동들에 더이상 시간이나 마음을 쓰지 않아도 된다면 당신은 그 시간에 그 에너지로 어떤 삶을 살고 싶은가요?

위의 연습에서 우리는 지금까지 불안 중심의 통제에서 가치 중심의 통제로 맥락을 옮기는 연습을 해보았습니다. 애초에 우리

가 그토록 불안을 경험하는 것은 그만큼 절실히 원하는 삶이 있기 때문이라는 것을 불안과의 싸움에서는 너무 쉽게 잊어버리게 되기 때문입니다.

마음은 언어로 움직이는 기계

앞에서 우리는 불안이 우리 마음의 알람이라는 것을 알았습니다. 우리 마음의 제1의 목표는 위험으로부터 우리를 지키는 것이기 때문입니다. 치료가 진행되어도 그 성패와 관련 없이 우리 마음의 '부정적인 수다'는 끊임없이 일어납니다. 이에 때로 내담자는 왜 자신의 마음은 이토록 부정적인 말을 해대는지 알 수가 없다고 하기도 합니다. 이유는 단 하나입니다. 그것이 '우리 마음이 하는 일'이기 때문입니다. 우리 마음은 혹시나 있을지 모르는 단 한 번의 사고를 막기 위해 수천만 번의 오경보를 울리고, 부정적인 수다를 계속 합니다. 결국 인간에게 있어 생존은 그 어떤 다른 것에 우선하는 목표이기 때문이죠. 경보는 계속 울리고, 우리는 그것을 맥락적으로 관찰합니다.

문제는 우리 마음은 언어로 움직이는 기계라는 데 있습니다. 앞에서 살펴보았듯이 말(생각)은 감정을 불러일으킵니다. 식사

중에 구토 이야기를 하지 말아야 하는 것은 단지 구토라는 이야기를 하는 것만으로도 그와 관련된 반응들을 불러일으키기 때문입니다. 또 오래전 사랑하는 사람과의 이별을 경험했다고 할 때 지금은 그 모든 경험이 추억일 뿐이고 마음으로 특별히 후회나 아쉬움이 없다고 할지라도, 우연히 길을 걷다 이별할 때 들었던 노래의 가사를 듣게 되면 자신도 모르게 그때의 감정이 되살아나기도 합니다. 이렇게 언어와 경험 간의 연합으로 인해 우리는 그저 '이야기'에 노출되었을 뿐인데 이러한 이야기(말)가 자동적으로 생각과 감정, 기억을 불러일으킵니다. 이야기에 노출된 것만으로도 마치 실제로 결별이나 혐오스러운 상황을 지금 여기에서 경험하는 것처럼 느끼게 됩니다.

또 다른 언어로 인한 불안 함정은 미래와 과거가 '언어'를 통해 현재에 존재하게 된다는 점입니다. 처음 벽화를 시작으로 인류가 언어를 발명한 이유는 아마도 유한한 자신의 존재를 뛰어넘어 지금 자신의 경험을 타인에게 그리고 후세에게 남기고 싶은 마음 때문이었을 것입니다. 그러한 이유로 우리는 한 세대의 경험을 다른 세대에게 전달할 수 있게 되었던 것이겠지요. 이러한 언어의 기능은 양날의 칼과 같아 그것이 고통과 관계될 때는 지금의 고통을 미래로 그리고 다른 공간으로 옮겨가는 역할을 하게 됩니다.

다시 말해 과거에 있었던 일을 현재에 이야기하면 그와 관련된 감정을 과거에서 경험하는 것이 아니라, 그 이야기를 하는 '현재'에 경험하게 됩니다. 또 미래에 일어나지 않은 사건에 대해서 현재 그저 이야기하는 것만으로도 그 사건이 실제 발생했을 때 느끼게 될 감정을 현재 여기서 경험하게 됩니다. 이렇게 언어는 과거의 고통을 현재로 가져오고, 미래에 발생할지 알 수 없는 고통을 미리 현재로 끌어오기도 합니다.

이런 이유로 우리는 불안감을 경험할 때 그것이 실제 지금 여기서 일어나는 것인지 아니면 언어가 가져온 것인지를 분별할 필요가 있습니다.

아래는 이와 관련된 연습입니다. 다음의 상황들은 현실적인

〈연습 14〉 현실적인 불안과 판단적인 불안(이선영, 한호성, 정은영, 2009)

각각을 읽고 현실적인 불안에는 '현', 판단적인 불안에는 '판'이라고 적어봅시다.

1. 산에서 곰을 만났다.
2. 골목길에서 강도를 만났다.
3. 차에 거의 치일 뻔했다.
4. 칼에 베어 피가 난다.
5. 집에 불이 났다.
6. 산에서 곰이 나올 수 있다는 이야기를 들었다.
7. 여행 가는 도시에 강도가 많다는 뉴스를 보았다.
8. 교통사고 발생율이 높다는 뉴스를 듣고 차를 운전한다.

불안과 판단적인 불안을 구별하는 기준을 깨닫는 데 도움이 되는 연습 상황입니다.

연습을 마치셨나요? 각각의 상황 중 현실적인 불안은 앞의 5가지 상황입니다. 그리고 판단적인 불안은 6번부터 8번까지의 상황에서 느끼는 불안이 될 것입니다.

언어로 인한 다른 함정들

앞에서 우리는 대표적인 불안 함정의 하나로 인지적 융합을 살펴보았습니다. '나는 이 시험에 떨어질거야.'라는 생각이 들 때, 이를 문자 이상으로 믿기 시작하면 마치 이미 시험에 떨어진 것처럼 느껴지며 불필요한 고통이 깊어진다는 것을 알게 되었습니다.

다음으로 인지적 융합을 더욱 깊게 하는 다양한 함정을 살펴보겠습니다. 존 포사이는 불안에 대한 자신의 책에서 이를 F-E-A-R이라는 약자로 설명하기도 했습니다(이선영 등, 2009).

먼저 경험에 대한 평가나 판단을 꼽을 수 있습니다. 생각이 생각일 뿐인 것을 알고 있음에도 우리는 그 생각의 진위를 따지고 싶어질 수 있는데, 특히 그 생각이나 감정에 대해 평가나 판단을 하고 있을 때 더욱 그렇습니다. 예를 들어 앞에서 '이 시험에 떨어질 거야.'라는 생각이 생각일 뿐이라는 것을 알고 탈융합을 하려 할 때, '실패는 끔찍해.'라는 경험에 대한 판단이 이를 방해합니다. 이러한 판단은 '이 시험에 떨어질 거야.'라는 생각을 현실과 융합하는 것을 넘어 그 생각을 하고 있는 주체와도 융합을 하게 합니다. 즉 '실패는 끔찍해.'라는 판단으로 인해 '시험에 떨어질 거야.'라는 생각을 경험할 때 느껴지는 패배감을 자신과 융합하게 되고, 이제 '나는 패배자다.'라는 또 다른 융합으로 고통이 깊어지게 됩니다.

또 다른 판단은 불안 경험 자체에 대한 판단으로 '불안은 비정상적인 것이다.'라는 생각이 대표적인 판단입니다. 우리가 불안을 경험할 때는 그 감정 경험만으로도 충분히 불편하고 괴롭습니다. 팽팽한 기타 줄 같은 신경의 예민함이나 물이 끓는 것 같은 조바심 그리고 돌덩이를 얹은 듯한 무거운 염려와 걱정 등의 감각적 경험만으로도 충분히 괴로운데, 이러한 경험을 하는 자신에 대해 '불안은 비정상적인 것이다.'라는 판단을 들이대는 순간, 우리는 정상으로부터 떨어져나와 자신만이 불안을 경험하는 듯한 소외감을 고통에 더하게 됩니다. 정서적 고통은 비정상이 아니다라는 것은 이 책을 통해 여러 번 반복한 메시지이므로 다시 반복하지는 않겠습니다.

불안의 함정 중 다른 하나는 바로 '이유대기'입니다. 이는 실제로 치료 장면에서 많이 보게 됩니다. 대부분 내담자가 치료자를 찾아올 때는 어제 불안이 시작되어 오는 경우는 없습니다. 스스로 자신의 불안에 대한 가능한 이유들을 아주 오랫동안 생각하게 되는데, 때로는 그 이유가 과거의 경험이거나 유전일 수도 있습니다.

이때 중요한 것은 그 이유가 사실인지 아닌지는 문제가 아니라는 것입니다. 실제 불안장애의 유전적인 원인은 많아야 30% 정도며(Leonardo, 2006), 나머지 70% 정도는 불안이라는 감정을 어떻게 다루고 관계를 맺는지에 달려 있습니다. 그렇지만 '이유'의 참과 거짓을 따지기 시작하는 순간 우리는 언어의 함정에 빠지게 됩니다. 중요한 것은 우리가 왜 이유를 대고 싶어 하는지, 그 의도에 있습니다.

이유를 찾는 가장 큰 의도는 불안이라는 감정 경험이 문제라고 생각하기 때문일 것입니다. 이유를 알아 문제를 해결해야 한다는 의도가 깔려 있습니다. 그런 이유로 잠시 해결이 된다고 해도 '불안'이 문제라는 전제는 그대로 남아 있게 됩니다. 고통은 문제나 잘못이 아니고, 또 불안하다는 것도 우리에게 잘못이 있다는 것을 뜻하는 것은 아닙니다. 고통으로 인해 무언가를 고치거나 해결해야 할 필요는 없습니다.

만약 불안에 이유를 대고, 또 그 이유가 통제할 수 없는 것이라면 지금의 나의 불안은 내가 행동할 수 없는 충분한 '이유'가 된

<연습 15> 생각에 이름표 붙이기

공책이나 종이를 준비합니다. 종이를 삼등분합니다. 우선 첫 번째 줄에는 앞서 진행한 '현실적인 불안과 판단적인 불안 구별하기' 연습을 합니다. 그것이 현실적인 불안이 아니라면 두 번째 줄에 그 때의 생각을 적어봅니다. 우선 떠오르는 생각 하나를 한 줄에 있는 그대로 적습니다. 모두 적고 난 후 다시 처음 생각으로 돌아가 각각의 생각 옆에, 즉 세 번째 줄에 '이유대기' 또는 '평가, 판단' 또는 '융합'이라 적습니다. 자, 이제 종이를 줄대로 접습니다. 생각의 내용은 다양할 수 있지만 결국은 언어가 만들어낸 함정이라는 점에서는 같습니다.

이렇게 이름표를 붙인 종이를 가까이 둡니다(개인적으로 저자도 지갑에 이 종이를 넣어 가지고 다닌 적이 있습니다). 그리고 또 다시 불안한 순간이 오면 그때 지나가는 생각이 혹시 내가 이름표를 붙인 생각인지 확인합니다. 만약 이름표를 붙인 생각이라면 두 번째 줄에 적은 생각의 내용에 머무르지 말고, 세 번째 줄에 적은 그 이름으로 갑니다. 다시 어떤 생각인지 물을 필요는 없습니다.

다고 생각할 수 있습니다. 예를 들어 불안과 관련된 노출을 시도할 때 이렇게 말할 수 있습니다. '선생님, 조금만 덜 불안해진다면 발표를 잘할 수 있을 것 같아요.' 여기서 '불안'은 내가 발표를 할 수 없는 '이유'가 됩니다.

이제 처음에 인용한 말로 돌아가 보겠습니다. '불안하자, 그리고 하고자 했던 것을 하자'. 감정은 감정 그 자체로 우리 경험의 일부지 문제가 아니며, 감정은 감정대로 경험하며 여전히 행동을 선택할 수 있습니다. 앞의 연습은 탈융합을 돕기 위해 내가 회기 중 사용하는 방법 중 하나입니다.

통제할 수 없는 것을 통제하는 길: 자발성

수용-전념 치료에서 6가지 과정이 모빌처럼 서로 연결되어 움직이지만 앞서 불안에 대한 수용-전념 치료에서는 탈융합과 함께 자발성이 중요한 스텝이라고 하였습니다.

불안이 인간의 생존에 필요한 감정으로 진화론적 의미가 있다는 것을 알았음에도 실제로 이를 경험할 때 느끼는 감각적인 경험은 여전히 불편할 수 있습니다. 그래서 반사적으로 이를 통제하려는 이전의 습관으로 돌아가게 되기도 하죠. 그런데 불안이라는 감각적 경험은 우리의 신경계 중 교감신경계의 활성화와 관련됩니다. 이 교감신경계는 전쟁 등의 위험시 우리를 최고의 각성상태로 이끌어 대비하게 하는 기능을 합니다. 이에 우리가 '나는 불안해져서는 안 돼.'라며 불안 경험과 싸우게 되면 투쟁시 활성화되는 교감신경계를 다시 활성화시키게 되기에 역설적으로 더욱 불안해지는 결과를 초래하게 됩니다.

당신이 불안을 측정하는 예민한 폴리그래프와 연결되어 있다고 가정해보겠습니다. 만약 당신의 불안이 높아질 때 총알이 발사된다고 하면 어떻게 될까요? 절대로 불안해지지 않을까요, 아니면 더 불안해지게 될까요?

이처럼 불안이라는 감정을 경험하는 것은 우리가 통제할 수 없습니다. 하지만 우리가 기꺼이 그것을 경험할 것인지의 자발성은 통제할 수 있습니다. 이전 장에서 살펴보았듯이, 자발성이란 감정이 유쾌하든 불쾌하든 없애려 하거나 억누르지 않고 있는 그대로 경험할 수 있도록 개방적이 된다는 것을 의미합니다.

만약에 앞에서 가정한 불안 정도를 나타내는 폴리그래프와 함께 자발성의 정도를 나타내는 폴리그래프에 함께 연결되어 있다고 가정해봅시다. 불안할 때 경험할 수 있는 모든 경험으로부터 도망가는 것이 아니라 자발적으로 먼저 다가갈 때 오히려 통제감을 가져오게 됩니다. 즉 자발성의 폴리그래프가 낮아지면 불안 정도는 어떻게 될까요? 도망가는 마음으로 불안이 더 높아집니다. 반면 자발성의 폴리그래프가 높아질 때는 더이상 정서적 불편감이 높아지지 않습니다. 이미 있는 불안을 그저 그대로 경험할 뿐이고, 내가 선택해 스스로 다가가 상황에 대한 통제감이 높아지기 때문입니다.

불안에 대한 ACT의 첫 스텝이 탈융합과 자발성이지만 그것이 마지막 스텝은 아닙니다. 아래의 연습은 불안을 비롯한 정서적 불편감과 관련해 회기에서 진행하는 연습입니다.

<연습 16> ACT 과정의 Dance

A4 용지를 준비합니다. 삼등분을 한 후 마지막 열은 종이를 반대로 접습니다.

자, 이제 가볍게 눈을 감습니다. 최근에 불안이나 긴장 또는 걱정을 경험했던 순간을 떠올려보겠습니다. 마치 지금의 내가 그 순간으로 돌아가 상황을 비디오로 촬영하듯이 되도록 생생하게 떠올려보겠습니다. 그렇게 그 순간의 나를 봅니다. 마치 지금의 나의 의식이 물처럼 흘러 그때의 나에게로 들어가듯이 그때 나의 피부 안으로 들어갑니다. 그때 경험했던 감정을 있는 그대로 느껴봅니다. 지금의 나는 이미 그 순간이 지나갔고 여전히 안전함을 알기에 조급해할 필요가 없습니다. 감정이 오고 머물고 지나가는 것을 있는 그대로 느껴봅니다(잠시 멈춥니다). 이제 감정과 함께 자신에게 하고 있는 말을 들어봅니다.

생각을 알아챘다면 이제 피부 밖으로 나와 그때의 상황을 촬영하는 시선으로 돌아갑니다. 이제 이 연습을 하는 순간에 소리를 들어봅니다. 소리에 마음이 모아지고 지금 여기가 느껴지면 눈을 가볍게 뜹니다.

이제 눈앞에 있는 종이를 가져와 첫 번째 열에 방금 한 경험을 한 줄에 하나씩 적습니다. 되도록 모든 경험을 적도록 노력합니다.

다음으로 두 번째 열에 첫 번째 열을 한 줄씩 살펴보며 그것이 '생각'인지 '감정'인지 또는 '신체 감각'인지 적습니다. 엉킨 실타래 같은 경험을 하나씩 실을 감듯이 그렇게 분별합니다.

이제 반대로 접은 마지막 열에는 애초에 무엇을 어떻게 하려다 이러한 생각, 감정을 경험하게 되었는지, 그 의도를 적습니다. 예를 들어 시험에 떨어져 어떻게 해야 하나 하는 생각에 조마조마한 신체 감각 등을 경험하게 되었을 때, 아마도 처음의 당신은 성실한 학생이 되고자 했을 것입니다. 그래서 유능하게 수행하고 싶었을 수도 있습니다.

이러한 의도를 마지막 열에 적고, 적은 면이 맨 위로 오도록 종이를 접습니다. 이 모든 불안은 이러한 당신의 의도 또는 가치로부터 시작되었습니다.
이제 마지막으로 그러한 의도를 실현하기 위해 지금 여기서 할 수 있는 사소한 일이 무엇인지 생각해봅니다. 한 번에 완성할 수는 없겠지만 그렇게 '되어가기' 위해 지금 할 수 있는 사소한 일, 그것부터 시작합니다.

수치심과 치료자 소진에 대한 접근: 자비의 수용-전념 치료

앞에서 우리는 수용-전념 치료의 6가지 과정 중 탈융합에 무게가 실린 접근의 대표적인 예로 불안에 대한 수용-전념 치료를 살펴보았습니다. 이제부터는 앞서 설명한 ACT의 치료 과정 요소 중 '중심잡기'에 해당하는 부분이 특히 주요한 자비의 수용-전념 치료에 대해 간략히 알아보도록 하겠습니다(이선영, 2014 ; 이선영, 2017d).

'중심잡기' 부분은 ACT의 6가지 과정 중 '맥락으로서의 자기'와 '현재 순간에 접촉하기' 과정으로 구성되는 부분입니다. 이러한 자비의 수용-전념 치료는 '자기'와 관계된 불편감, 즉 '수치심'에 대한 접근이 될 수 있습니다. 이때 '자기'에 대한 지나친 평가와 판단이 아니라 맥락적 자기를 함양하는 한편, 이와 관련해 '자비(compassion)'를 주요 과정으로 살펴보겠습니다. '자비'는 '공감'을 바탕으로 하고 있기 때문에 자비의 수용-전념 치료는 타인의 고통에 공감하는 일을 하는 치료자의 공감 피로 및 소진에 적용할 수 있는 바, 이 역시 간략히 살펴보도록 하겠습니다.

'나'는 '나에 대한 말'보다 크다: 수치심과 맥락적 자기

수치심은 정서 발달단계 중 가장 늦은 시기에 발달하는 감정 중 하나입니다. 수치심이란 자신을 타인의 시선에서, 사회적 조망으로 볼 수 있는 인지 능력의 발달을 필요로 하기 때문입니다. 아이가 조망(perspective taking) 능력을 갖추는 것은 아이의 공감 능력 발달 및 사회화에 있어 중요한 발달과정입니다. 같은 물체나 사건이라고 해도 '내가 여기서 지금'보는 것과 '네가 거기서 그때' 보는 것이 다를 수 있다는 것을 알고, 때로 상대방의 조망으로 사건을 볼 수 있는 능력은 공감적 의사소통의 핵심이 되는 인지 능력입니다. 이러한 사회적 조망 능력의 발달은 자기 자신의 행동 또한 사회적 조망에서 보는 것을 가능하게 합니다. 이에 자신의 행동이 타인의 눈에 어떻게 보일지를 생각하게 되는데, 특히 수용-전념 치료에서는 실패나 실수를 경험하게 될 때 이를 타인의 조망으로 경직되게 바라보는 것이 우리를 수치심에 취약하게 한다고 봅니다.

우리는 실패나 실수를 경험할 때 죄책감이나 수치심을 경험합니다. 죄책감과 수치심은 어떻게 다를까요? 이는 실패의 원인을 무엇으로 돌리느냐 하는 귀인(attribution) 과정과 관계가 있습니다. 우리가 자신의 실패나 실수를 그때의 행동으로 귀인할 때는 죄책감(guilt)을 경험하지만, 실패나 실수의 원인을 자기 자신으로 돌리면 수치심(shame)을 경험하게 됩니다(Luoma, 2012). '내가 못나서 그렇다.' '내가 원래 그렇지.' 등 앞서 우리가 다룬 수용-전념 치료의 치료 과정 중 내용으로서의 자기와 맥락으로서의 자기를 떠올려보십시오. 자비의 수용-전념 치료에는 우선 수용-전념 치료에서의 자기의 개념, 특히 맥락으로서의 자기와 내용으로서의 자기를 분별하는 훈련이 포함됩니다.

다음으로 우리 앞의 내담자나 타인을 볼 때, 단지 지금 보이는 모습뿐만 아니라 그 사람 안에는 지금까지의 수많은 순간들, 그리고 그 순간의 감정과 생각들, 경험들이 켜켜이 쌓여 있다는 것을 느끼는 것이 필요합니다. 마치 아코디언을 펼쳤다 줄였다 하는 것처럼 우리는 지금 보이는 모습에서부터 그 사람의 수많은

〈연습 17〉 달콤한 순간의 나 기억하기 연습

이 연습에는 2명의 참가자와 1명의 관찰자(치료자)가 필요합니다. 우선 2명의 관찰자가 서로 무릎이 마주닿을 정도의 거리에 마주 앉습니다(실제 치료회기에서는 이 연습 전에 대인관계에 대한 마음챙김 연습이 선행되어야 합니다). 잠시 눈을 감은 채로 마치 내 삶의 순간 순간을 찍은 사진들을 슬쩍슬쩍 보면서 손으로 스쳐가듯이 그려봅니다. 이제 그 순간들 중 가장 달콤했던 순간, 내가 가장 나답고 활기찼던 순간을 담은 사진을 잡습니다. 여전히 눈을 감은 채로 이제 그 한 장의 사진을 쳐다봅니다. 사진의 배경이 낮인가요, 밤인가요? 사진에 어떤 사람들이 있나요? 마치 사진 속의 장면으로 들어가듯, 마치 여기서 그 장면이 다시 일어나는 것처럼 느껴봅니다. 그때 그 곳에서 들리던 소리, 그 곳의 독특한 향기, 뺨을 스치던 바람의 감촉, 그리고 내 앞에 있는 사람의 목소리 톤 등 되도록 생생히 느껴봅니다.
이제 가볍게 눈을 뜨고 내가 경험했던 그 순간의 생동감과 따뜻함을 한 사람씩 앞의 사람에게 그대로 전달합니다. 이때 내 경험에 이유를 대거나 설명하려 하기보다는 내가 느낀 경험 그대로를 전달하는 것이 좋습니다. 서두를 필요는 없습니다. 청자와 화자를 교대로 합니다. 듣는 역할을 할 때는 파트너가 달콤한 순간을 경험할 때, 그리고 그것을 전달할 때 어떤 표정을 짓는지 그 사람의 얼굴과 제스처, 포즈를 관찰하며 그 사람을 느껴보십시오.

순간을 펼쳐서 볼 수 있으며, 똑같은 방식으로 자기 자신도 그렇게 볼 수 있습니다. 〈연습 17〉은 이를 위해 진행하는 연습 중 하나로 '달콤한 순간의 나 기억하기'입니다. 이는 켈리 윌슨(Kelly

Wilson)의 스윗 스팟 연습(박경, 이선영 역(2013))을 응용해 맥락으로서의 자기 연습으로 변형시킨 것입니다.

실제 회기중에는 이 연습의 명칭이 '달콤한 순간의 나 기억하기'임에도 불구하고 많은 분들이 눈물을 보이기도 합니다. 우리가 잊고 지냈던 달콤했던 순간을 다시 경험하는 것이 때로 그리움뿐 아니라 아쉬움을 불러일으키기도 하기 때문입니다. 우리가 어떠한 순간이 그토록 그리운 이유는 우리가 이미 그것을 경험해 우리 안에 있기 때문입니다. 이 모든 순간을 포함한 보다 큰 나를 느껴보십시오. 이 연습을 마치고 나면 때로 그저 우연히 집단에서 만난 타인이었던 파트너가 단지 지금 보이는 모습만이 아닌 달콤한 순간을 포함해 수많은 순간을 그 안에 함께 지닌 사람으로 느껴집니다. 그래서 한층 가깝게 느껴질 수 있습니다. 사람을 평면적이 아니라 입체적으로 보는 연습이기 때문입니다. 또한 관찰자로서 치료자가 내담자를 맥락적으로 바라보는 데도 동일한 연습이 도움이 됩니다. 수용-전념 치료에서는 감정 경험을 언어로 경험하는 것이 아니라 직접적으로 경험하는 것을 주요 과정으로 하기에, 수치심 또한 마찬가지입니다.

수치심을 느낄 때 행동적인 단서에는 어떠한 것이 있을까요? 아마도 어깨는 구부정하고 때로 얼굴을 만지거나 붉어질 수도 있습니다. 또 시선은 아래로 향하거나 고개를 떨굴 수도 있습니다. 전반적으로 표현행동이 줄고 눈맞춤이 줄어들기도 합니다.

또 타인의 위로행동을 유발할 수도 있습니다(Luoma, 2012).

이 모든 행동적 레퍼토리가 수치심이라는 감정을 행동적으로 정의합니다. 이에 실제 치료중에는 이러한 단서를 관찰하고 알아채는 연습이 필요합니다. 특히 수치심은 언어적으로 잘 보고하지 않는 감정이기에 이러한 연습이 더 중요할 수 있습니다.

자비롭게 자신을 대하는 것을 통해 타인의 고통을 대하는 법을 배운다

앞의 과정에서 우리는 때로 보고 싶지 않은 자신의 모습을 보기도 하며, 특히 부정적인 내용으로서의 자기에 융합될 때 치료 회

<연습 18> 나를 달래는 손길 연습

당신이 힘들고 괴로운 순간을 경험하고 있다는 것을 알아챘을 때, 2~3번 깊게 숨을 쉽니다. 부드럽게 심장 쪽 가슴에 손을 얹습니다. 지긋이 누르며 따뜻하게 감쌉니다. 한 손으로 할 수도 있고, 두 손을 모두 얹을 수도 있습니다.
가슴에 얹은 손의 감촉을 느껴보십시오. 아픈 배를 문지르듯 가볍게 문질러도 좋습니다. 숨이 들어가고 나오면서 가슴이 오르락내리락하는 자연스러운 움직임을 느껴보십시오. 원하는 만큼 머무르십시오.

기 내에서 불안감이나 수치심을 경험하기도 합니다. 이때 이 모든 것을 경험하는 자신을 따뜻하게 감싸주는 내가 필요한데, 이것이 '자기-자비'입니다. 자기-자비는 실패나 좌절을 외면하거나 왜곡하지 않은 채로 그 순간을 경험하고 있는 나를 있는 그대로 안는 것을 말합니다. 이때 '나를 달래는 손길(soothing touch)' 연습이 도움이 됩니다(Germer, 2014).

개인적으로 이 연습에서 내담자 각각의 맥락에 가장 적절한 만트라(mantra)를 같이 하는 것을 선호합니다. 또는 그저 불편함을 알아챘을 때 자신에게 '그래 ○○야, 이제 내가 같이 있을게.'라고 말하는 것 또한 도움이 될 수 있습니다.

앞의 '치료적 관계'에 대한 장에서 살펴보았듯이, 수용-전념치료에서는 치료자와 내담자가 고통의 순간에 있을 때의 경험이 근본적으로 다르다고 보지 않습니다. 치료자 또한 자신에 대한 판단, 즉 '나는 좋은 치료자가 아니야.' '유능하지 못한 치료자야.'라는 내용으로서의 자기에 지나치게 융합될 수 있으며, 그렇게 되면 그 생각이 맞는 생각인지 또는 틀린 생각인지와 관계된 증거를 머릿속에서 찾아내려 하기도 하고, 확신을 얻기 위해 행동하고 싶어질 수도 있습니다. 이 모든 융합의 결과로 치료자는 자신의 주의를 내담자에게서 철수시켜 자기 자신에 대한 생각으로 가득 채우게 되며, 이때 내담자에게서 지금 이 순간 일어나는 일에 주의를 기울이기도, 그때의 감정을 알아채고 공감하기도 어려워집니다.

이런 이유로 치료자 또한 〈연습 18〉을 자신에게 하는 것이 때로 성공적인 사례와 그렇지 못한 사례를 경험하면서도 치료자의 길에 자신을 전념할 수 있도록 하는 데 도움이 될 수 있습니다.

지금까지 설명한 자비의 수용-전념 치료(총 여섯 회기)의 대략적인 내용을 아래에 다시 요약합니다. 프로그램 내용은 주요 치료 과정으로 선형적으로 일어나는 것은 아니며 때로 동시에 일어나기도 합니다.

자비의 수용-전념 치료 프로그램 주요 치료 과정

1. 수용-전념 치료의 기본 가정과 치료 과정 이해: '중심잡기' 과정 중심
2. 맥락으로서의 자기와 내용으로서의 자기 분별: 자기진술, 흑과 백 연습
4. 현재 순간에 머무르는 연습: 대인관계에서 수치심 알아채기, 부정적 자기진술과 자기-자비
5. 맥락으로서의 자기 연습과 타인을 입체적으로 바라보기
6. 고통의 순간에 자비롭게 머무르기: 뜨거운 의자(hot seat) 연습

5장 핵심요약

• 수용–전념 치료에서 실제 치료가 진행되는 과정은 마치 춤과 같습니다. ACT의 치료 과정은 앞에서도 이야기했듯이 선형적으로 진행되지 않습니다.

• 내담자의 현재 상태에서의 경험회피, 융합 등 6가지 과정을 사전 평가하며 치료가 시작되기 때문에, 늘 그런 것은 아니지만 ACT라는 춤은 대개 탈융합에서 첫 스텝이 시작됩니다. 이렇게 탈융합이 고통에 접근하는 주요한 스텝이 되는 좋은 예로 불안에 대한 수용–전념 치료를 꼽을 수 있습니다.

• 자신의 감정이나 생각과 관계를 맺는 새로운 행동을 배우는 과정, 그것을 수용–전념 치료를 비롯한 행동주의에서는 치료라고 봅니다. 행동주의에서는 행동의 변화를 학습이라고 하는데, 이러한 학습은 경험을 통해서 일어납니다.

• '경험회피'에 대한 치료 과정인 '수용'을 위해서는 우선 감정을 표현한 언어가 아니라 그토록 두려워했던 '감정' 그 자체에 접근해야 합니다. 이때 언어가 전달될 때의 '행동'이 단서가 되기도 합니다.

• 치료 장면에서 우리는 치료자와 내담자 간의 상호작용을 '강화'로 쓰면서, 내담자가 '지금 이 순간'에 접촉할 수 있도록 돕게 됩니다. 이제 내담자가 현재 순간에 접촉할 때의 감각적 경험을 인식할 수 있게 되면, 불편한 경험과 관련된 또 다른 시간적, 공간적 맥락으로 인식을 넓혀갑니다.

• 수용-전념 치료에서는 이렇게 언어(생각)로 반복되는 걱정에 대해 과거의 경험을 다룰 때와 마찬가지로 맥락적으로 접근해 실제 경험할 수 있는 '감정'에 노출하도록 합니다.

• 수용-전념 치료의 과정은 서로 모빌처럼 연결되어 있으므로 치료에는 6가지 과정이 모두 일어나지만, 불안과 함께 하는 춤은 탈융합과 자발성이라는 스텝이 강조된 춤입니다.

• '이유'의 참과 거짓을 따지기 시작하는 순간 우리는 언어의 함정에 빠지게 됩니다. 중요한 것은 우리가 왜 이유를 대고 싶어 하는지, 그 의도에 있습니다. 이유를 찾는 가장 큰 의도는 불안이라는 감정 경험이 문제라고 생각하기 때문일 것입니다. 이유를 알아 문제를 해결해야 한다는 의도가 깔려 있습니다.

• 불안이라는 감정을 경험하는 것은 우리가 통제할 수 없습니다. 하지만 우리가 기꺼이 그것을 경험할 것인지의 자발성은 통제할 수 있습니다.

찾아보기

미주

1 통계청(2013), 보건복지부 정신질환 실태조사, 통계청 사망원인 자료집.

2 Hayes (2011). Aceptance and commitment in Psychotherapy. Institute for the Advancement of Human Behavior, NY, NY.

3 Levitt, J. T., Brown, T. A., Orsillo, S. M., & Barlow, D. H. (2004). The effects of acceptance versus suppression of emotion on subjective and psycho physiological response to carbon dioxide challenge in patients with panic disorder: Behavior Therapy, 35, 747–766.

4 TÖrneke (2010). Learning RFT . Mew Yokr ; Context Press.

5 포사이와 아이퍼트, 『마음챙김과 수용중심 불안장애 치료의 실제』, 이선영 역. 시그마프레스, 2009.

6 크리스토퍼 맥커리, 『불안한 아이 수용과 마음챙김으로 키우기』, 이선영 역, 시그마프레스, 2011.

7 Hayes(2011), 'Acceptance and commitment in psychotherapy'에서 저자의 표현을 기반으로 기술하였음(185~191쪽).

8 Hayes(2008). The roots of compassion. Keynote address presented at the fourth Acceptance and Commitment Therapy Summer Institute, Chicago, IL.

9 크리스토퍼 맥커리, 『불안한 아이 수용과 마음챙김으로 키우기』, 이선영 역, 시그마프레스, 2011.

참고문헌

- 이선영, 김원(2008), '불안장애 환자를 대상으로 한 마음챙김과 수용중심치료적 접근: 사례연구', 한국심리학회 연차학술발표대회 논문집.
- 이선영(2010), '수용-전념 치료에서 과정변인이 불안에 미치는 매개효과', 고려대학교 박사학위 청구논문.
- 이선영(2011a), '자기-자비와 불안 및 강박과의 관계에서 매개변인으로서의 사고억제-일반인을 대상으로', 한국심리학회지: 임상, 32(4), 835-851.
- 이선영, 김지은(2011b), '불안민감성이 다양한 불안증상에 미치는 영향에 대한 마음챙김의 매개효과-일반 성인을 대상으로', 한국인지행동치료 학회지. 11(2), 23-38.
- 이선영, 안창일(2012), '불안에 대한 수용-치료의 효과 및 과정 변인', 한국심리학회지: 상담 및 심리치료, 24(2), 223-254.
- 이선영(2014a), '심리치료자를 위한 ACT', 2014년 임상심리학회 동계 보수교육 자료집.
- 이선영(2014b), 'self-compassion in act consistent perspective', 2014년 임상심리학회 춘계 학술대회 자료집.
- 이선영(2014c), 'ACT-치료적 관계를 중심으로', 한국인지행동치료학회 춘계학술대회집.
- 이선영(2017a), 'What act really is', 서울 수용과 전념 치료 연구소, 서울.
- 이선영(2017b), 'act with anxiety', 서울 수용과 전념 치료 연구소, 서울.
- 이선영(2017c), 'act with a child', 서울 수용과 전념 치료 연구소, 서울.
- 이선영(2017d), '자비의 수용-전념 치료', 서울 수용과 전념 치료 연구소, 서울.
- 캘리 윌슨, 『수용-전념 치료에서 치료자와 내담자를 위한 마음챙김』, 박경, 이선영 역(2013), 학지사.
- Alexander, F., French, T. M., & the Institute for Psychoanalysis. (1946). Psychoanaytic therapy: Principle and application. New York: Ronald Press.
- Beck, A. T. (1993). Cognitive therapy: Past, present, and future. Journal of Consulting and Clinical Psychology, 61, 194-198.

- Biglan, A., Barnes-Holmess,D., Zettle, R. D.& Hayes, S. C.(2016). The Wiley Handbook of Contextual Behavioral Science. Hoboken, New Jersey: John Wiley & Sons.
- Strunk, D. R., Brotman, M. A., & DeRubeis, R. J. (2010). The Process of Change in Cognitive Therapy for Depression: Predictors of Early Inter-Session Symptom Gains. Behaviour Research and Therapy, 48(7), 599 - 606.
- Eifert, G. H., Forsyth, J. P., Hayes, S. C. (2005). Acceptance & Commitment Therapy for Anxiety Disorders : A Practitioner's Treatment Guide to Using Mindfulness, Acceptance, And Values-Based Behavior Change Strategies. Oakland, CA: New Harbinger Publications.
- Germer, C.K. (2014). Overcoming compassion fatigue with self-compassion. 서울; 서울 수용과 전념 치료 연구소.
- Germer, C. K., & Neff, K. D. (2013). Self-Compassion in clinical practice. Journal of Clinical Psychology, 69(8), 856-867.
- Gilbert, P., McEwan, K., Matos M., & Rivis A. (2011). Fears of compasion: Development of three self-report measures. Psychology and Psychotherapy: Theory, Research and Practice, 84, 239-255.
- Hayes, S. C., Jacobson, N. S., Follette, V. M., Dougher, M. J.(1994). Acceptance and Change: Content and Context in Psychotherapy. Okland, CA: Context Press; New Harbinger Publications.
- Hayes, S.C., Strosahl, K., & Wilson, K. G. (1999). Acceptance and Commitment therapy: An experiential approach to behavioral change. New York: Guilford Press.
- Hayes, S. C., Dermot Barness-Holmes, Bryan Roche(2001). Relational Frame Theory: A Post-Skinnerian Account of Human Language and Cognition. New York, Philadelphia: Springer Science & Business Media.
- Hayes, S. C., Strosahl, K. D. (2004). A practical Guide to Acceptance and Commitment Therapy. New York, Philadelphia: Springer Science & Business Media.
- Hayes, S. C., Strosahl, K. D., Wilson, K. G.(2011). Acceptance and Commitment Therapy, Second Edition: The Process and Practice of Mindful Change. New York, NY: Guilford Press.
- Hayes, S. C., Jason Lilis. (2012). Acceptance and Commitment Therapy . Oxford, UK: ROUTLEDGE.

• Hayes, S. C.(2016). The Act in Context: the Canonical Papers of Steven C. Hayes. Oxford, UK: ROUTLEDGE.

• Horvath, A. O., & Greenberg, L. S. (1989). Development and validation of the Working Alliance Inventory. Journal of Counseling Psychology, 36, 223–233.

• Kaffman, Arie, & Meaney, M. J.(2007). Neurodevlopmental Sequelae of postnatal Maternal care in Rodents: Clinical and Research Implications of Molecular Insights. Journal of Child Psychology and Psychiatry, 48(3–4), 224–244.

• Leonardo, E. D., & Hen, R. (2006). Genetics of affective and anxiety disorders. Annual Review of Psychology, 57. 117–137.

• Luoma,J.B. (2012).ACT–shame and self–criticism workshop. Vancouver;Vancou–ver CBT centre.

• Luoma, J. B., Hayes, S. C., and Walser, R. D. (2007). Learning Act: An Acceptance & Commitment Therapy Skills–Training Manual for Therapists. Okland, CA:New Harbinger Publications.

• Siegel, D. J. (2010). The developing mind: How relationships and the brain interact to shape who we are. New York: Guilford.

• Siegel, D. J. (2010). The mindful therapist. New York: Norton & Company.

• Sober, P. E., Wilson, P. D. S., Wilson, D. S.(1999). Unto ohters. The evolution and psychology of unselfish behavior. Cambridge, MA: Harvard University Press.

• Suomi, S. (2000). A behavioral perspective on developmental psycho–pathology: Excessive aggression and serotonergic dysfuntion in Monkeys. Hand of develop–mental psychopathology. Netherlands: Kluwer Academic.

• Neff, K. D. (2003). Development and validation of a scale to measure self–com–passion. Self and Identity, 2, 223–250.

• Watson, J. B, & Rayner, R (1920) Conditioned Emotional Reactions. Journal of Experimental Psychology, 3(1), 1–14.

• Weng, H. Y. , Fox, A. S., Shackman, A. J., Stodola, D. E., Caldwell, J. Z. K., Olson, M. C., Rogers, G. M., & Davidson, R. J. (2013). Compassion Training alters altruism and neural response to suffering. Psychological Science, 24(7), 1171–1180.

『꼭 알고 싶은 수용-전념 치료의 모든 것』 저자와의 인터뷰

Q. 『꼭 알고 싶은 수용-전념 치료의 모든 것』 책 소개와 이 책을 통해 독자들에게 전하고 싶은 메시지가 무엇인지 말씀해주세요.

A. 이 책은 아직 한국에 도입된 지 초기인 수용-전념 치료에 대해, 그 바탕이 되는 철학에서 시작해 병리에 대한 가정과 치료 과정에 대한 이해, 그리고 실제 적용의 예를 통해 경험적이고 포괄적으로 ACT를 이해할 수 있도록 한 책입니다. 이 책을 통해 ACT에 대한 조급한 마음을 내려놓고 마치 한 사람을 알아가듯 호기심을 가지고 수용-전념 치료를 경험할 수 있었으면 하는 바람입니다.

Q. 수용–전념 치료가 무엇인지 쉽게 설명 부탁드립니다.

A. 수용-전념 치료라는 이름에 그 답의 실마리가 있습니다. 수용-전념 치료는 '-(하이픈, hyphen)' 전과 후의 맥락을 분별하는 것이 그 시작입니다. 우리가 한 시점에 동시에 살고 있는 2개의 맥락, 즉 피부 안의 세상과 피부 밖의 세상을 분별하고, 각각의 맥락에 따라 그 안에서 발생하는 사건들을 융통성 있게 다루는 것, 그것이 수용-전념 치료입니다. 수용-전념 치료를 통해 피부 안의 세상에서 발생하는 생각과 감정을 '수용' 행동으로 다루고, 피부 밖의 세상에서는 개인이 가고자 하는 삶의 방향을 알아채고 '전념' 행동을 할 수 있습니다.

Q. 기존의 다른 심리치료 이론에서의 '수용'과 수용–전념 치료에서의 '수용'을 비교해 설명 부탁드립니다.

A. 심리학의 대부분의 개념은 구성개념(construct)이듯, 수용도 마찬가지입니다. 즉 새로운 개념은 그 개념의 반대 개념을 통해 그 정의가 더 명확해지기도 합니다. ACT에서의 수용은 '경험회피'와 대비되는 개념입니다. 경험회피란 사적 사건의 형태나 빈도를 줄이거나 없애려는 모든 시도를 말합니다. 그렇다면 '수용'은 이와 반대가 될 것입니다. 사적 사건을 다루기 편한 어떤 것으로 바꾸려 하지 않고, 또 그 경험을 줄이거나 없애려는 시도 없이 있는 그대로 '경험'하는 것을 수용이라

말합니다. ACT가 행동주의 맥락에 있기에 수용 또한 성격이나 덕목 또는 자질이 아니라 행동으로 '수용행동'이라고 합니다. 즉 수용을 잘하는 덕목이 있는 사람을 만드는 것이 ACT의 목적이 아니라 수용'행동'을 '어떻게' 하는지를 배우고 익혀 스스로 도울 수 있도록 하는 것이 그 주요 과정이 됩니다.

Q. 심리치료에서 수용-전념 치료의 배경은 무엇인가요?

A. 책 본문에서도 설명했듯이, 수용-전념 치료는 행동주의의 흐름에 있으며 이에 '제3의 행동주의 치료'라고 불리기도 했습니다. 행동주의는 기능주의를 그 철학적 배경으로 하고 있는데, 행동주의의 흐름을 따라 ACT에 이르러서는 이러한 기능주의에서 발전한 기능적 맥락주의라고 하는 철학적 배경이 수용-전념 치료의 철학적 배경이 됩니다. 이 자리에서 자세히 다 설명하는 것은 어렵지만 간략히만 이야기하자면 결국 사건이란 사건 자체가 아니라 그 사건이 발생하는 맥락에 의해서 그 사건의 의미나 성격이 결정된다고 보는 것이 기능적 맥락주의의 주요 가정 중 하나입니다.

Q. 수용-전념 치료의 과정은 어떻게 되나요? 자세한 설명 부탁드립니다.

A. 수용-전념 치료는 치료를 패키지 중심으로 접근하기보다 과정 중심적으로 접근하기에 특히 ACT에서는 과정이 중요합니

다. 이에 우리나라에서는 처음으로 저자 또한 박사를 수용-전념 치료의 치료 과정을 주제로 한 연구로 마쳤습니다. 타깃이 되는 심리적 어려움에 따라 추가되는 요소가 있을 수 있으나, 기본적으로는 6가지 치료 과정이 있으며, 이 6가지 치료 과정은 맥락에 따라 크게 세 부분으로 구분할 수 있습니다. 수용, 탈융합, 현재 순간에 접촉하기, 맥락으로서의 자기, 전념 행동과 가치가 그 6가지로, 수용과 탈융합은 피부 안의 세상을 대할 때, 전념 행동과 가치는 피부 밖의 세상을 대할 때 주로 관여하는 과정이 됩니다.

Q. 수용-전념 치료의 특징이 있다면 어떤 것이 있는지 설명 부탁드립니다.

A. 수용-전념 치료의 특징을 이야기하자면 우선 내용이 아닌 기능 중심적인 접근이며, 변화 중심적이 아니라 수용 중심적인 접근입니다. 그리고 마지막으로 패키지 중심이 아니라 과정 중심적으로 접근한다는 점, 이렇게 크게 3가지 특징이 있습니다. 정리하자면 첫째, 기능 중심적이라는 말은 생각이나 감정 등의 사적 사건을 바라볼 때 그 내용을 해석하거나 판단하는 것이 아니라 그 사건과 다른 심적 사건과의 관계 또는 그것이 발생하는 맥락에서의 기능을 중심으로 바라봅니다. 둘째, 많은 분들이 익숙하게 알고 있듯이 ACT는 생각이나 감정을 변

화시키는 것이 아니라 수용하거나 분별하는 방향으로 접근합니다. 마지막 세 번째는 앞에서도 설명한 과정 중심적인 특징입니다.

Q. 수용-전념 치료를 완성하는 요소가 있다고 하셨습니다. 이에 대한 설명 부탁드립니다.

A. 결국 모든 심리치료가 그러하듯이 치료의 완성은 치료 장면에 있습니다. 그리고 그 치료 장면에는 치료자와 내담자가 있기 때문에 치료적 관계가 얼마나 그 바탕이 되는 치료 이론과 일관된 방식으로 일어나는지가 이를 완성하는 요소가 됩니다.

Q. 실제 심리치료에서 수용-전념 치료가 어떻게 적용되는지 설명 부탁드립니다.

A. 우리나라에서는 수용-전념 치료가 아직 도입기지만, 실제 미국에서는 이미 30년이 훌쩍 넘은 치료입니다. 또 미국의 증거중심치료 리스트에도 등재되었듯, 불안과 우울 등의 심리적 어려움은 물론 차별 등의 사회적 행동에 대한 효과 검증 또한 이루어져 있습니다. 개인적으로 아쉬운 점이 있다면 미국에서 오랜 시간을 두고 이루어진 이론적 탐색이 우리나라에 도입될 때는 생략되어 많은 분들이 너무 기법 중심적으로 이를

접하게 되는 것은 아닐까 하는 점입니다. 현장을 바라보면서 우려하는 마음이 생길 때가 있습니다.

Q. 내담자와 치료자와의 관계가 실제 치료 효과에 얼마나 영향을 미치나요?

A. 책 본문에서도 이야기했듯이, 수용-전념 치료뿐만 아니라 대부분의 심리치료에서 내담자와 치료자의 치료적 관계는 단지 치료를 지속하게 하는 부가적인 부분이 아니라 치료의 하나의 요소로 치료 효과에 영향을 미칩니다. 정신분석 치료, 인지행동 치료 등의 각각의 치료적 접근은 그 치료적 입장에 따라 치료적 관계를 다르게 정의하는데, ACT 또한 마찬가지입니다. ACT에서는 치료자와 내담자가 같은 배를 타고 노를 저어가고 있다고 보며, 이때 자비(compassion)의 역할을 강조하기도 합니다.

Q. 다양한 경로를 통해 수용-전념 치료를 배우고자 하는 학생이나 치료자들에게 한 말씀 부탁드립니다.

A. 수용-전념 치료라는 치료가 우리나라에 들어올 때, 그 이름이 주는 익숙함에 많은 분들이 매력을 느끼셨을 것으로 생각합니다. 또 그렇게 많은 분들이 매력을 느낀 것은 그만큼 우리가 오랜 세월 우리의 고통을 '수용'할 수 있기를 간절히 원했

기 때문이기도 할 것입니다. 하지만 학교나 연구소에서 ACT를 실제 가르치면서 많은 분들이 기존의 틀에 ACT를 맞추려 하기를 멈출 때, 비로소 진정으로 ACT를 배우게 된다는 것을 알게 되었습니다. 현대에 이르러 심리치료 간 접점이 늘고, 서로 공유하는 부분이 있을 수 있지만 공유하는 부분에만 머무르며 하나의 치료를 정의할 수는 없을 것입니다. ACT 또한 마찬가지로 자판기 앞에서 버튼을 누르는 조급한 마음이 아니라, 숲속 오솔길을 걷는 호기심 가득한 소년의 마음으로 배워가는 여정을 시작하기를 바랍니다.

'불안은 비정상적인 것이다.'라는 판단을 들이대는 순간,
우리는 정상으로부터 떨어져나와 자신만이
불안을 경험하는 듯한 소외감을 고통에 더하게 됩니다.

★ 소울메이트는 독자의 꿈을 사랑합니다.

한 권으로 읽는 정신분석

꼭 알고 싶은 정신분석의 모든 것

이수진 지음 | 값 16,000원

정신분석 전반에 대해 통합적으로 이해할 수 있는 책이다. 한의사이자 미국 공인 정신분석가인 저자는 현장에서 경험한 풍부한 사례를 이 책에 고스란히 녹여내 정신분석이론이 실제 사례에서 어떻게 적용되는지 쉽게 설명함으로써 정신분석이론에 실제적으로 접근할 수 있도록 했다. 심리치료나 정신분석을 공부하고 있는 사람이라면 정신분석의 큰 맥락을 잡는 데 유용한 이 책을 꼭 일독하길 바란다.

독서로 마음의 상처를 치유하다

꼭 알고 싶은 독서치유의 모든 것

윤선희 지음 | 값 14,000원

마음에 상처를 안고 있는 사람들이 스스로를 치유할 수 있도록 돕는 독서치유 안내서로, 책을 선정하는 방법부터 독서치유 처방전까지 독서치유의 모든 것을 소개한다. 다양한 현장에서 오랫동안 독서치유 강의와 상담을 진행한 저자는 책이 꽁꽁 닫힌 마음을 열어주는 매개체가 되고, 자신도 알 수 없었던 스스로의 문제를 선명하게 보여준다고 말한다. 이 책을 읽고 스스로를 치유하는 길에 더 가까이 다가가보자.

받아들임이 가르쳐주는 것들

받아들이면 알게 되는 것들

황선미 지음 | 값 13,000원

이 책은 '지금-여기'가 만족스럽지 않은 사람들을 위해 행복해지기 위한 선택으로 받아들임을 소개한다. 평범한 사람들의 평범한 받아들임을 말하기 때문에 받아들임이 무엇인지, 받아들임이 어떻게 우리의 삶을 변화시킬 수 있는지, 어떻게 받아들여야 하는지 등을 공감하며 쉽게 이해할 수 있다. 또한 본문 중간에 체크리스트, 생각해볼 문제, 직접 써볼 수 있는 공간 등을 마련해 독자 스스로 진정한 받아들임의 방법을 배우고 생각해볼 수 있게 했다.

힐링 트라우마, 내 안에 잠든 호랑이를 깨워라

내 안의 트라우마 치유하기

피터 A. 레빈 지음 | 권수영 감수 | 양희아 옮김 | 값 16,000원

이 책은 몸과 마음의 상호작용으로 트라우마를 극복하는 새로운 방법을 제시한다. 수많은 임상사례를 통해 검증된 신체 기반 트라우마 치료법을 소개하며 몸의 감각을 통해 트라우마를 치유하는 길을 보여준다. 또한 본문 곳곳에 전문가의 도움 없이 실천할 수 있는 간단한 치유 방법(연습)을 제시해 스스로 트라우마 치유를 위해 노력해볼 수 있게 했다. 이 책과 함께 트라우마 치유를 위한 여정을 시작해보자.

미술치료 초보자가 꼭 알아야 할 것들

처음 시작하는 미술치료

양지원 지음 | 값 15,000원

미술치료를 처음 공부하는 입문자들을 위해 미술치료의 이론과 기법부터 사례까지 전반적인 내용을 정리한 미술치료 입문서다. 이 책은 미술치료의 목표, 실행방법, 투사적 진단도구로서의 역할에 대한 기본적인 내용은 물론이고, 미술치료에서 사용되는 다양한 매체와 미술기법에 대해서도 상세히 서술하고 있다. 미술치료 전문가뿐만 아니라 미술치료를 처음 접하는 사람이나 미술치료에 관심 있는 사람들에게도 유용한 책이다.

불안한 당신을 위한 심리 처방

불안해도 괜찮아

최주연 지음 | 값 15,000원

불안을 두려워하지 않고 극복하기 위해서는 어떻게 대처해야 하는지 안내해주는 심리치료서다. 각박한 현대사회를 살아가는 사람들에게 불안은 더이상 멀고 낯선 존재가 아니다. 이 책은 먼저 불안이 어떤 감정인지 세세히 짚어보며, 왜 우리가 불안 때문에 힘들어하는지를 알아본다. 그다음에는 이러한 불안을 어떻게 다루어야 하는지를 알려준다. 마지막에는 불안을 극복하기 위해서 꼭 필요한 노출 과정을 통해 어떻게 불안을 극복할 수 있는지 살펴보자.

심리평가 초보자가 꼭 알아야 할 것들

처음 시작하는 심리검사와 심리평가

박소진 지음 | 값 15,000원

이 책은 전문가의 영역으로만 여겨졌던 심리검사와 심리평가에 대한 기본적인 개념부터 실질적으로 활용할 수 있는 방법을 세세하게 다룬 심리평가 입문서다. MMPI, BGT, SCT, 그림검사, 지능검사의 실시 방법과 유의사항 등을 알기 쉽게 설명했다. 임상심리학자가 오랜 기간 실제 상담에서 느끼고 경험한 바를 실었기에 딱딱하고 지루하지 않으며, 일반인들이 이해하기에도 보다 쉽고 현실적이다.

중독의 늪, 충동과 유혹의 심리

중독자의 내면 심리 들여다보기

아놀드 루드비히 지음 | 김원 · 민은주 옮김 | 값 15,000원

중독자의 내면 심리를 살펴보면서 회복의 길을 모색하는 치료 지침서다. 다양한 배경을 가진 중독자를 25년간 치료하고 연구한 저자가 임상적 측면에서 본 중독자의 회복 과정을 다루었다. 저자는 중독에서 벗어나 회복으로 가는 과정의 시작을 중독자의 '마음'이라고 본다. 주변 상황에 따라 달라지는 내면 심리를 분석해서 위협적인 여러 요인을 파악한다면, 중독을 벗어난 새로운 삶을 시작할 수 있다는 가능성을 보여준다.

★ 소울메이트는 독자의 꿈을 사랑합니다.

여와 남, 다름의 심리학

여자와 남자는 왜 늘 평행선인 걸까?

이장주 지음 | 값 15,000원

이 책은 사회초년생에게 전하는 부동산 재테크 핵심 노하우를 정리한 부동산투자 입문서다. 투자 대상이 되는 물건의 가치를 어떻게 분석해야 하는지, 자금을 어떻게 융통해야 하는지, 어떤 출구전략이 필요한지 등에 대해 거시적인 동시에 미시적인 차원에서 알려준다. 또한 저자의 실제 성공 사례와 실패 사례를 살펴보면서 부동산 투자원리를 소개한다. 10년 만에 건물 4채를 갖게 된 저자의 알짜배기 투자 비결을 배워보자.

알코올중독 전문의가 말하는 12단계 중독치료

중독으로부터 회복을 위한 12단계

조근호 지음 | 값 15,000원

'익명의 알코올중독자들' 모임에서 제시한 12단계 프로그램을 알기 쉽게 소개한 책이다. 실제 알코올중독 전문의가 편안하게 이야기하는 에세이 형식으로 서술되어 12단계를 좀더 쉽게 접할 수 있도록 도왔다. 12단계가 궁극적으로 말하는 것은 희망이다. 우리 모두에게 절대 낯선 이야기가 아니며, 실천과 반복을 통해 회복에 이르는 최고의 길이라고 역설하며 중독치료에 대한 희망의 메시지를 전달한다.

자신에게 하는 말을 바꾸면 인생이 달라진다!

행복을 부르는 자기대화법

파멜라 버틀러 지음 | 박미경 옮김 | 값 15,000원

자기 내면의 부정적이고 왜곡된 목소리로 인해 고통받는 사람들에게 긍정적인 자기대화를 하는 방법을 알려주는 심리서다. 이 책에서 소개하는 인지행동치료에 기반을 둔 내적 대화의 기술은 우리 삶에 쉽게 적용해볼 수 있다. 외부 상황이 아닌 부정적이고 왜곡된 자기대화로 인해 고통받는 사람들이 이 책을 통해 자기 내면을 인식하고, 현실적이고 긍정적인 방식으로 자기대화를 바꿔나감으로써 좀더 행복한 삶을 누릴 수 있기를 바란다.

지나친 수줍음에는 마음챙김이 답이다!

마음챙김으로 불안과 수줍음 치유하기

스티브 플라워즈 지음 | 이현주 감수 | 정지현 옮김 | 값 15,000원

수줍음과 사회불안장애로 고통받는 사람들에게 마음챙김 수행법을 쉽고 재미있게 알려주어 불안과 수줍음을 줄일 수 있도록 도와주는 심리 치료서다. 미국의 저명한 심리학자인 저자는 지나친 수줍음의 문제를 극복할 수 있는 마음챙김의 기술과 지혜를 소개한다. 마음챙김 수행법을 연습하고 훈련할 수 있도록 구성된 이 책은 수줍음과 불안 등으로 사회생활이 힘든 사람에게 실질적인 도움을 준다.

세상에서 가장 재미있는 프로이트 이야기

프로이트를 좋아하는 사람이라면 꼭 알아야 할 것들

베벌리 클락 지음 | 박귀옥 옮김 | 값 15,000원

우리에게 친숙한, 누구나 한 번쯤은 들어보았을 심리학자 프로이트의 새롭고 다양한 모습을 볼 수 있는 심리서다. 이 책은 지금까지와는 다른 프로이트의 모습을 보여준다. 프로이트의 사상은 우리의 경험에 대해 다시 생각해볼 기회를 제공하며, 그의 분석은 새로운 생각과 삶의 방식을 등장시켰다. 이 책을 통해 살아 있다는 것이 무엇을 의미하는지, 특히 진정으로 산다는 것이 무엇인지 새롭게 조명해보자.

강박장애에 효과적인 인지행동치료의 모든 것

끊임없는 강박사고와 행동 치유하기

크리스틴 퍼든·데이비드 A. 클라크 지음 | 최가영 옮김 | 값 15,000원

강박장애 환자들이 강박사고를 다스리고 정상적인 삶을 되찾기 위해 활용할 만한 효과적이고 실용적인 치료법을 담고 있는 강박장애 전문서다. 10여 년째 강박사고와 강박행동에 대해 연구하고 있는 저자들이 직접 임상 연구를 통해 증명한 훈련법을 소개해 독자 스스로 실행할 수 있도록 돕는다. 폭력이나 성(性)에 관한 강박사고, 종교적 강박사고, 그 밖의 강박사고로 고통받는 사람이라면 이 책을 꼭 읽어봐야 한다.

영화로 나를 치유하다

심리학자와 함께 가는 치유의 영화관

이계정 지음 | 값 15,000원

갈등을 통해 성장하는 우리의 모습을 영화를 통해 비추어본 심리서로, 누구나 경험할 수 있는 좌절의 순간들을 떠올리고 공감해준다. 나아가 독자들이 스스로 해결책을 찾아가기를 바라는 마음을 담았다. 영화 속 인물들의 심리를 들여다보면 자신의 감정을 자각할 수 있다. 있는 그대로의 자신을 수용하고 마음의 상처를 떠나보내자. 이 책을 읽고 나면 스스로 치유하는 힘을 얻을 수 있을 것이다.

독자 여러분의
소중한 원고를 기다립니다

★ 소울메이트는 독자 여러분의 소중한 원고를 기다리고 있습니다. 집필을 끝냈거나 혹은 집필중인 원고가 있으신 분은 khg0109@hanmail.net으로 원고의 간단한 기획의도와 개요, 연락처 등과 함께 보내주시면 최대한 빨리 검토한 후에 연락드리겠습니다. 머뭇거리지 마시고 언제라도 소울메이트의 문을 두드리시면 반갑게 맞이하겠습니다.